101명의 위대한 철학

－현대 사상의 초석

101명의
위대한 철학자

현대 사상의 초석

매슨 피리 지음 | 강준호 옮김

서광사

이 책은 Madsen Pirie의 *101 Great Philosophers: Makers of Modern Thought* (The Tower Building, London : The Continuum International Publishing Group, Ltd., 2009)를 완역한 것이다.

101명의 위대한 철학자
　　－현대 사상의 초석－

매슨 피리 지음
강준호 옮김

펴낸이―김신혁, 이숙
펴낸곳―도서출판 서광사
출판등록일―1977. 6. 30.
출판등록번호―제 406-2006-000010호

(413-756) 경기도 파주시 교하읍 문발리 534-1
대표전화 · (031) 955-4331 / 팩시밀리 · (031) 955-4336
E-mail · phil6161@chol.com
http://www.seokwangsa.co.kr / http://www.seokwangsa.kr

이 책의 한국어판 저작권은 영국 **The Continuum International Publishing Group, Ltd.**와의 독점저작권 계약에 의해 도서출판 서광사에 있습니다.
한국 내에서 보호를 받는 저작물이므로 무단 전재 또는 무단 복제를 금합니다.

ⓒ 도서출판 서광사, 2011

옮긴이와의 합의하에 인지는 생략합니다.

제1판 제1쇄 펴낸날 · 2011년 3월 20일

ISBN　978-89-306-0228-0　03100

흔히 사람들은 '철학은 어렵다' 고 말한다. 그러나 철학자의 입장에선 이
해할 수 없는 말이다. 오히려 철학자는 우리가 고등학교에서 배우는 미
적분이 훨씬 더 머리 아파 보인다. 더하기 빼기를 시작해서 미적분을 이
해하기까지 오랜 시간이 걸리듯이, 고차원의 철학적 논변을 이해하는 데
에는 충분한 노력과 시간이 필요하다. 그러나 철학을 시작하는 것조차
어려울 이유는 없다. 이 책은 그런 시작을 위한 안내서이다.

　대략 2,500년의 역사와 수많은 사상가들 중에서, 왜 101명인가? 미
국에선 대학 초년생이 수강하는 기초과목에 '101' 이라는 번호를 붙인
다. 요컨대 이 책의 제목에는 대학 초년생 같은 가벼운 마음으로 이 책에
접근해달라는 지은이의 의도가 담겨 있다. 실제로 이 책의 내용이나 분
량은 기초 수준을 넘어서지 않으면서도, 각 철학자의 핵심 주장을 놓치
지 않도록 세심하게 배려했다.

　이 책에서 소개된 101명에는 다른 입문서들에선 발견할 수 없거나,
몇몇 학자들은 의문이나 불만을 제기할 수 있는 사상가들도 포함되어 있
다. 그러나 그것은 전혀 결점이 아니다. 주요 사상가의 목록은 입문서마
다 다르고 시대에 따라 변하기도 한다. 이 책에 포함된 사상가들 중 적지
않은 수는 1970~80년대의 입문서에는 등장하지 않는다. 그런 점에서
이 책은 매우 업데이트된 목록을 제공한다고 할 수 있다. 또한 사상적 영
향력에 비해 부당하게 저평가된 사상가들을 포함한다는 점이 이 책의 또

다른 장점이라 할 수 있다.

처음부터 모든 것을 알고 이해하려 할 필요는 없다. 전문 철학자도 이 책에 소개된 철학자들이나 그들의 주장들 중 대부분에 대해 자세히는 모른다. 시작은 시작다워야 한다. 가벼운 마음으로 읽어가면서 왠지 끌리는 한 사람 혹은 한 마디에서 시작할 수 있다. 이 책은 잘 차려진 뷔페와 같다. 뷔페에 들어가 차려진 모든 음식을 조금씩 모두 맛볼지, 아니면 자기가 좋아하는 몇 가지만 집중적으로 공략할지, 그리고 얼마나 배부르게 먹을지는 기호와 선택의 문제이다.

2011년 1월

강준호

차례

이것은 매우 개인적 목록이다. 이 목록은 인간의 생각에 끼친 영향과 중요성에 따라서 내가 선택한 101명의 사상가들을 나타낸다. 다른 사람들은 아마도 다른 목록을 선택할 수 있겠지만, 분명 상당부분은 나의 목록과 겹칠 것이다. 서양 전통에 익숙한 사람들은 이 목록에 있는 거의 모든 사람들을 알아볼 것이며, 그들 중 대부분은 당연히 포함되어야 한다고 생각할 것이다. 내 목록은 서양 전통 안에 있는 유럽과 미국 사상가들의 목록이며, 철학자라는 것에 대하여 폭넓은 정의를 취했다.

내가 선택한 사상가들 중 몇몇은 철학자라는 낱말에 대한 현대의 일반적인 정의에서 벗어난다. 하지만 이것은 의도적인 것이다. 누구라도 그의 생각이 우리가 우리 자신에 대하여 생각하는 방식에 변화를 주었다면, 그는 이 목록에 포함될 잠재적 권리를 지닌다. 이전 시대에 '자연철학자'라고 불릴 수 있는 소수의 과학자들의 작업이 그런 변화를 이루었다면, 그들은 이 목록에 포함될 것이다.

이 목록에 포함된다는 것은 결코 어떤 의미에서도 찬성의 표시는 아니다. 이 사상가들 중 일부는 유덕한 삶을 살았던 반면, 일부 다른 사상가들은 그렇지 않다. 일부 사상가들은 인간의 행복이라는 목적을 찬양했던 반면, 일부 다른 사상가들은 그런 목적의 희망을 파괴했다. 이 책은 좋든 나쁘든 성인이든 악인이든 위대한 사상가들을 포함하고 있다.

물론 이렇게 빽빽한 목록 안에서 각 사상가의 공헌에 대하여 충분한 설명을 제공한다는 것은 불가능하다. 대신 이 책에서 주어진 것은 각 사상가의 주요 생각, 즉 그들이 말한 것들 중에서 독창적이고 중요한 내용에 대한 소개이며, 그리고 여기저기서 그들의 삶의 묘미를 전달하기 위한 것이다. 이 책을 통하여 나는 여기에 기록된 사상가들 중 일부에 대하여 익숙하지 않은 독자들이 그들의 작품을 좀 더 읽어보고픈, 그리고 우리의 문명의 발상지였던 값진 생각의 보물창고에 들어가고픈 마음이 생기길 바란다.

1. 탈레스 Thales
기원전 대략 624년 - 대략 547년

탈레스는 소아시아의 이오니아 지방에 있는 밀레투스라는 도시 출신이며 최초의 철학자로 추앙받는다. 그는 자신이 관찰한 것의 본질에 대하여, 그리고 현상들 배후에 어떠한 실재가 있는가에 대하여 사색했다. 그는 이집트를 여행하면서 이집트인들이 최초로 사용한 삼각법(三角法)을 배웠고, 이를 이용하여 그림자의 길이로 피라미드의 높이를 측정하고, 육지의 두 지점에서 관찰한 결과로 바다에 떠 있는 배까지의 거리를 계산할 수 있었다.

탈레스는 기원전 585년에 일어난 일식(日蝕)을 예언했다고 전해지는데, 이 사건은 리디아인과 메디아인 사이의 전쟁을 중단시키고 그들을 화해시켰다. 그는 일곱 현인들 중 하나로 일컬어졌으며, '물이 최고다'는 그의 가장 지혜로운 말로 꼽힌다. 여기서 그는 마실 것에 대해서가 아니라 물질의 본질에 대하여 말하고 있는 것이다. 탈레스는 **모든 사물은 물로 만들어졌다**고 가르쳤다. 그는 물이 얼음과 안개처럼 다른 형태를 취하는 것을 보면서 그것이 물질의 근본적인 요소라는 결론을 내렸다. 그는 지구 자체가 물 위에 떠 있으며, 그것이 파도에 휩쓸릴 때 지진이 일어난다고 생각했다.

탈레스의 생각들이 현대인의 귀에는 너무 단순하게 들릴지 모른다. 그러나 이 생각들의 중요성은 그가 **모든 것을 변덕스런 신들의 탓으로 돌리지 않고 사물들에 대한 당연하고 이해할만한 설명을 구하고 있었다**는 점에 있다. 그는 자기(磁氣)를 탐구하면서, 어떤 대상들을 서로 문질러 오늘날 우리가 정전기라 부르는 것을 얻으면 서로 끌어당긴다는 사실을 알아차렸다. 그는 자석이 영혼을 가졌다는 결론을 내리면서 그것이 사물을 움직이는 힘을 가진 생물이라고 분류했다.

탈레스는 수학과 천문학에도 통달하여, 반원(半圓)에 내접한 삼각형은 직각삼각형일 것이며, 작은곰자리가 항해에 도움이 된다는 것을 입증했다. 탈레스는 얼빠진 행동을 하는 교수였다. 그가 별을 쳐다보다 도랑에 빠지자 한 여인은 자기 발밑에 뭐가 있는지도 모르면서 어떻게 하늘에서 일어나는 일을 알 수 있느냐고 물었다.

탈레스는 그렇게 똑똑하다면 어째서 당신은 부자가 아니냐는 질문을 받았다. 그러자 그는 천문 관찰을 통하여 내년에는 올리브가 풍작일 테니 올리브 압착기를 미리 사두라고 예언했다. 실제로 올리브가 풍작이 되자, 그는 압착기를 비싼 값으로 빌려주었고, 자신이 원하면 얼마든지 돈을 벌 수 있음을 증명했다.

그는 사람들에게 다른 사람한테 비난할 일을 스스로 행하지 말라고 지혜롭게 조언했으며, 신체가 건강하고 영혼이 풍요롭고 쉽게 배우는 사람을 행복한 사람이라고 불렀다.

2. 아낙시만드로스 Anaximander

기원전 610년 - 546년

아낙시만드로스는 탈레스의 후계자로, 두 가지 점에서 최초라는 영예를 차지한다. 그는 최초로 자기 생각을 글로 적은 철학자이며, 최초로 세계 지도를 그린 사람이다. 그는 밀레투스에서 살았으며, 흑해에 있던 아폴로니아라는 새로운 식민지의 지도자로 임명될 만큼 크게 존경을 받았다.

그는 다른 사물들로 변하는 물에 대한 탈레스의 생각을 비판했다. 왜냐하면 물은 습함과 건조함 같이 서로 대립하는 것들을 포함할 수 없기 때문이다. 아낙시만드로스는 대신에 **어떠한 사물의 특징도 가지지 않은, 보다 보편적인 무언가를 찾았다. 그는 그것을 아페이론(apeiron), 즉 무한정자(無限定者)라고 불렀다.** 그것은 어떠한 특정 사물로도 규정되지 않은 실체이다. 그것은 땅과 하늘이 모두 거기에서 나온 본원적 실체이다. 아페이론을 제외한 모든 것은 하나의 원천이거나 어떤 원천으로부터 나온 것이다. 그 원래의 불확정한 형태에서는 서로 대립하는 것들이 없다. 왜냐하면 그것들은 모두 묶여 있기 때문이다. 사물들이 서로 다른 요소들로 분리될 때에야, 서로 대립하는 것들이 나타난다. 사물들은 바로 무한정한 실체로부터 나오며 결국 그것으로 되돌아간다. 이 동안에 서로 대립하는 것들은 서로 침범하면서 그것들이 최초로 분리되는 순간에 생겨난 '불의'(injustice)를 바로잡으려 한다.

아낙시만드로스는 지구가 그 직경의 삼분의 일의 높이를 가진 북 모양이며 사람들은 그 맨 위의 표면에 살고 있다고 생각했다. 이는 우리가 살고 있는 겉보기에 평평한 표면과 우리가 바라보는 둥근 수평선, 그리고 천체가 지구 아래로 지나가는 것처럼 보인다는 사실을 설명해준다. 아낙시만드로스에 따르면, 지구를 떠받치고 있는 것은 없다. 왜냐하면 지구는 중심에 있으며 어느 특정한 방향으로도 움직일 이유가 없기 때문이다. 그는 해와 달과 별들이 서로 다른 거리에 있음을 알아냈다. 그리고 그는 지구를 공전하는 수레바퀴들 속에 거대한 불이 들어 있고 그 불은 수레바퀴들에 난 구멍들을 통하여 볼 수 있으며, 그것들의 변하는 모양은 달의 위상과 월식을 설명한다고 생각했다.

아낙시만드로스는 지구는 한때 물로 덮여 있었지만 물이 어느 정도 마르면서 해가 축축한 진흙에 작용하여 생물들이 나타났다고 생각했다. 나약한 인간들은 처음에는 물속에서 발달하면서 보호를 받았을 것이고 아마도 거대한 물고기의 입에서 나왔을 것이다. 그는 물고기들이 그런 것처럼 인간들도 원래는 피부에 가시가 돋아 있었을 것이라고 생각했다.

지도 제작자로서의 성취 이외에도, 아낙시만드로스는 기상학에도 입문하여 천둥이 구름들의 충돌로 생겨나는 것이라고 말했다. 그는 그노몬(수직 해시계)을 그리스에 소개하여, 시간을 재는 것뿐만 아니라 분점(分點)을 결정하는 데 이용했다.+ 밀레투스의 다른 철학자들처럼, 아낙시만드로스는 사건들에 대한 자연주의적이고 논리적인 설명에 찬성하면서 신화적인 설명을 거부했다.

+ **역자주**: 분점이란 태양이 적도를 통과하는 점으로, 춘분점과 추분점이 있다.

3. 피타고라스 Pythagoras
기원전 대략 570년 – 대략 490년

학생들에게는 그의 이름을 붙인 수학 정리로 잘 알려진 피타고라스는 지금까지 살았던 가장 유력한 사상가들 중 한 사람이다. 고대 그리스 시대의 사모스 섬에서 태어난 그는 이탈리아 반도에 있던 그리스 도시인 크로톤에 학교를 건설하기 전에 이집트와 바빌론을 방문했던 것으로 잘 알려져 있다. 그의 사상은 그와 그의 추종자들을 둘러싼 전설들 속에 널려 있다.

그는 모루를 두드릴 때 나오는 음조가 모루의 크기에 따라 변하듯이 현(絃)을 뜯을 때 나오는 음조들이 그 현의 길이에 따라 달라진다는 것을 알아냈다. 여기서 그는 음악적 조화의 핵심에는 수학적 비율들이 있음을 추론해내고, 모든 실재는 수학에 기초를 두고 있다는 결론을 내렸다. **우리가 경험하는 불완전한 세계의 배후에는 수학적 공식으로 표현할 수 있는 참된 실재가 있다.** 이것은 모든 대상들에 해당된다. 두 짧은 변(邊)들의 길이가 각각 3과 4인 직각삼각형의 가장 긴 변의 길이는 5이다. 바빌로니아 사람들은 이미 이를 알고 있었으나, 피타고라스는 직각삼각형의 긴 변의 길이를 제곱한 것이 짧은 변들의 길이를 제곱하여 합한 것과 같음을 증명해냈다. 피타고라스는 물리적 대상의 모양을 규정짓는 것은 이와 같은 수(數)들이라고 말했다.

피타고라스는 수학이 지구상의 사물들뿐만 아니라 음악적 조화의 비율로 움직이면서 '천구의 음악'을 만들어내는 천체를 지배한다고 가르쳤다. 사물들은 수에 의하여 모양과 형태가 규정될 때까지 '무한정자'의 일부이다.

피타고라스는 사람들은 이익이나 명예나 지혜를 구하려고 움직이고, 지혜를 얻으려는 자신의 신봉자들은 절제하고 금욕하는 생활을 해야 한다고 생각했다. 이에는 고기와 콩을 먹지 않는 것, 그리고 냄비를 불에서 꺼냈을 때 재 속에 냄비가 남긴 함몰 부분을 저어서 편다든가, 혹은 침구의 주름을 펴서 잠잔 흔적을 남기지 않는 것을 비롯한 엄격한 의식을 따르는 것이 포함된다. 삶의 균형은 습함과 건조함 혹은 뜨거움과 차가움 같은 서로 대립하는 것들 사이에서 찾아진다. 그의 사고방식은 합리적인 것과 신비적인 것의 기묘한 조합이었다. 그의 추종자들은 공동생활을 했고 여자들도 동등하게 받아들였으며 재산을 공유했다.

또한 피타고라스는 **살아 있는 존재는 영혼을 가지며, 이 영혼은 다음 생에 환생한다**고 믿었다. 플라톤의 저술에서 전해지는 믿음들 중 많은 것들은 원래 피타고라스에게서 나온 것이다. 여기에는 불완전한 현상들의 기초가 되는 순수한 실재에 대한 믿음, 사람들을 움직이게 하는 세 가지의 충동에 대한 믿음, 영혼의 환생, 그리고 사색적이고 단순한 생활의 장점에 대한 믿음이 포함된다.

비록 전설에서 말하는 것처럼 그가 황금빛 넓적다리를 가졌었는지, 혹은 거울에 반사시켜 글을 달에 투영할 수 있었는지는 의문스럽지만, 피타고라스 자신은 신과 같은 존재로 여겨졌다.

4. 크세노파네스 Xenophanes

기원전 570년 - 480년

기원전 5세기에 번영했던 콜로폰의 크세노파네스는 자신의 방랑생활을 묘사한 대로 '그리스를 떠돌아다니면서' 인생을 보냈다. 그럼에도 그는 장수했으며 자신의 철학을 표현하는 우아한 시의 단편들을 남겼다. 여기에서 표현된 그의 통찰은 상당히 현대적인 것처럼 들릴 수 있다.

그는 신들이 제멋대로 하는 행동을 사물에 대한 설명으로 받아들이길 거부하고 물리적인 힘들을 우리의 관찰에 일치시키는 자연적 설명을 찾으려 한 최초의 인물들 중 하나였다. 그는 엘레아학파를 열었으며, 그의 제자들 중에는 파르메니데스(Parmenides)가 있다.

크세노파네스는 모양은 둥글고 영원불변하며 형태와 본성이 인간과는 다른 최고의 유일신이 있다고 가정했다. 그는 포이어바흐(Feuerbach)보다 앞서서 **인간은 신들에게 자신의 특성을 부여한다**는 사실을 알아냈다. 그의 말에 따르면, 에티오피아 사람들은 신을 펑퍼짐한 코를 가진 흑인이라 하고, 트라키아 사람들은 신에게 푸른 눈과 붉은 머리카락을 주었다. 또한 소와 말과 사자가 그림을 그릴 줄 안다면, 그들의 신은 그들을 닮았을 것이다.

더 나아가 크세노파네스는 호머(Homer)와 헤시오도스(Hesiod)가 ― 신적인 선함과는 맞지 않는 ― 절도와 간통과 속임수 같은 인간적 약점들로 신들을 묘사함으로서 도덕적 퇴보를 조장했다고 비판했다. 그는 작가들이 신에 대하여 오직 신뢰할만한 이야기를 들려주어야 한다고 했다.

크세노파네스는 사회개혁가로서 사람들이 술잔치에서 어떻게 처신해야 하는지에 대하여 적었으며, 불필요한 사치를 반대하고 성공한 운동선수에게 지나친 명예가 주어지는 것을 비판했다.

내륙의 물고기 화석을 보고, 크세노파네스는 한때 땅이 물로 덮여 있었고 물과 땅의 다양한 혼합물들이 다른 모든 사물들의 원천이었다는 결론을 내렸다. 크세노파네스는 구름을 하나의 상태에서 다른 상태로 변화하는 과도기적 단계로 보면서 특별히 중요하게 여겼다. 그는 구름이 '태양 광선에 의하여 주변 대기 속으로 올라가며,' 태양은 불타는 구름들로 구성되어 있으며 달은 압축된 구름이라고 생각했다. 이와 유사한 방식으로 그는 다른 자연 현상들을 설명하려 했으며, 그리고 자연 자체는 무한하고 동질적이고 영원하다고 생각했지만 자연을 신과 동일시하지는 않았다.

크세노파네스는 인간의 지각은 믿을만하지 못하며 주관적이라고 생각했다: 꿀과 비교해보지 않으면 사람들은 무화과가 달다고 생각할 것이다. 진리는 존재한다. 그러나 사람들은 그것을 알 수 없으며 단지 그것에 대하여 추측할 뿐이다. 진리를 구함으로써 사람들은 진리와 유사한 것들을 배울 수 있다. '그러나 누구도 확실한 진리를 알지 못했으며 알지 못할 것이다.' 크세노파네스의 말에 따르면, **설령 어떤 사람이 우연히 궁극의 진리를 말하더라도 '그 자신은 그 사실을 모를 것이다: 왜냐하면 모든 것이 그저 거미줄처럼 얽힌 추측들일 뿐이기 때문이다.'** 이것은 과학을 어느 하나도 확실하다고 증명되지 않은 일련의 가설들로 보는 현대의 견해를 내비친다.

5. 헤라클레이토스 Heraclitus
기원전 대략 535년 – 475년

에페수스의 헤라클레이토스는 '소크라테스 이전 철학자들'(pre-Socra-tics)이라고 불리는 그리스철학자 집단에 속한다. 이 철학자들이 그렇게 불리는 이유는 그들이 소크라테스 이전에 살았고 글을 썼기 때문이기도 하지만, 그들이 소크라테스와는 다른 것에 대한 글을 썼기 때문이다. 그들 가운데 많은 철학자들은 단순히 인간의 선함과 덕을 음미하기보다는 우주란 도대체 무엇이며, 왜 그것이 다른 모양과 형태를 취하며, 현상의 배후에 더 심층적인 실재가 있는가를 설명하려고 애썼다.

헤라클레이토스는 지속적인 영향력을 미쳤다. 그와 동시대 사람들 대부분은 무질서와 불확실성 가운데서 영원불변의 안락함을 찾으려 했던 반면, 헤라클레이토스는 변화를 포용하고 그것을 자신의 철학의 중심으로 삼았다. 그의 저작 《자연에 대하여》는 남아 있지 않지만 다른 저술가들이 참조한 인용문들로부터 우리는 그의 세계관에 대한 생생한 인상을 얻을 수 있다.

그는 모든 것이 변화한다고 가정했다. **'우리는 같은 강물에 두 번 발을 담글 수 없다.'** 그의 요점은 비록 우리는 그것을 같은 강물이라고 부르나 새로운 강물이 우리가 처음 발을 담갔던 강물을 대체했다는 것이다. 헤라클레이토스의 세계에서는 모든 것이 끊임없이 변화한다. 우리는 예전의 그 사람들이 아니며, 매일 새로운 태양이 뜬다. 이것은 사물은 있는 그대로여야 하며 그렇지 않으면 존재하지조차 않는다고 선언한 밀레토

스학파의 철학과 대립되는 견해이다. 헤라클레이토스는 그렇지 않다고
말한다. 사물들은 시간이 지남에 따라서 변화하기 때문이다.

　서로 대립하는 것들의 통일이 그의 철학체계의 핵심이다. 그는 '올라
가는 길과 내려가는 길은 같은 것'이라고 말한다. 이는 낮과 밤, 겨울과
여름, 전쟁과 평화 같이 서로 대립하는 다른 것들에 대해서도 마찬가지
다. 그의 말은 서로 대립하는 것들이 동시에 같다는 뜻이 아니라, 그것들
이 끊임없이 상대방으로 바뀐다는 뜻이다. 낮은 밤이 되고 밤은 낮이 된
다. 실로 낮이 없이 밤이 있을 수 없다. **서로 대립하는 것들 사이의 투쟁은
결코 끝나지 않을 것이며, 어느 쪽도 상대방에게 영원한 승리를 거두지 못할
것이다. 그것들 사이의 투쟁은 우주의 정의이다. 그리고 만물이 이 투쟁을 통
하여 생겨난다.**

　헤라클레이토스는 불이 근원적인 원소이며 다른 것들의 원천이라고
생각했다 ― '모든 사물들은 불을 위한 교차점이다.' 사람에 있어서도
가장 훌륭한 영혼은 불에 의하여 지배되며 '열등한' 물에 의하여 오염되
지 않은 영혼이다. 헤라클레이토스는 전쟁은 [서로 대립하는 것들 사이
의] 투쟁이 구체화된 것으로, 사람들의 지위를 결정하는 '아버지이자
왕'이라고 받아들인다.

　그는 자기 동포들을 '목매달아야 한다'고 부르짖으면서 기존 정치에
는 관심을 갖지 않았고, 공적인 생활보다는 아이들과의 게임을 더 좋아
했다.[+] 그는 사치를 싫어했기 때문에 페르시아 왕의 부탁을 거절했다.
아마 이런 특이한 성격 때문에 그는 오랫동안 우울함의 전형으로 간주되
었다.

✛ **역자주**: 헤라클레이토스가 이렇게 자기 동포들에 대하여 가혹한 말을 한 이유는 그들이 뛰어난 입법자였던 헤르모도로스를 과두정치(寡頭政治)의 주범으로 몰아 추방했고, 이때 당시의 민주주의 체제에 대하여 경멸감을 느꼈기 때문일 것이다. 그래서 그는 '민주주의를 하는 도시국가는 수염도 나지 않는 어린 소년들에게 맡겨라' 고도 말했다.

6. 파르메니데스 Parmenides
기원전 대략 515년 – 450년

파르메니데스의 인생에 대해서는 별로 알려진 바가 없지만, 그가 65세 때 젊은 소크라테스를 만나 영향을 미쳤다는 기록은 남아 있다. 그가 사상계에 미친 영향에 대해서는 의심의 여지가 없다. 그는 오랜 철학자들의 전통에서 논리와 언어에 바탕을 둔 논증들을 이용하여 외부 세계에 대한 사항들을 추론해낸 최초의 인물로서, 이 추론들은 관찰에 의존하지 않고 많은 경우에는 관찰과 충돌하는 추론들이었다.

파르메니데스는 육보격(六步格)의 운문 형태로 글을 썼는데, 많은 글들 가운데 약 150줄만이 전해지고 있다. 자신의 저작《자연에 대하여》에서 그는 한 여신이 자신을 마차에 태우고 '밤과 낮의 문'을 통해 데려갔다고 말한다. 여신은 그에게 '진리의 길'과 '의견의 길'의 차이점을 보여주었고, 파르메니데스는 이 구분을 뒷받침하는 논증들을 우리에게 제시한다.

그의 말에 따르면, 우리가 무언가에 대하여 생각하고 말할 수 있으려면, 그것은 '존재'해야 한다. 왜냐하면 우리는 존재하지 않는 것에 대하여 생각할 수 없기 때문이다. 우리가 과거의 사물들에 대하여 생각할 때, 그것들은 그 당시에 그랬던 것처럼 아직도 존재해야 한다. 그리고 우리가 미래의 사물들에 대하여 생각할 수 있으려면, 그것들은 지금 존재해야 한다. 그리하여 파르메니데스는 **변화란 착각일 뿐**이라고 추론한다. 사물들은 그것들이 영원히 그러하듯이 계속 존재한다.

더 나아가 '존재하는 것'이 생겨났을 리는 없다. 왜냐하면 '무로부터
는 아무것도 나오지 않기' 때문이다. 따라서 파르메니데스에 따르면 실재
는 영구불변한다. 더 나아가 그것은 동일하다. 물체들 사이에 허공이란
존재하지 않으므로 운동이란 착각일 뿐이다. 그러므로 우주는 시종일관
동일한 것이다. 그는 우주가 하나의 나눌 수 없고 움직이지 않는 구체(球
體)라고 말한다.

모든 것이 변화라는 헤라클레이토스의 주장에 반대하여, 파르메니데
스는 보다 확실한 영속성에 대한 견해를 수립한다. 이 견해에 따르면, 아
무것도 변하지 않는다. 그는 우주가 항상 존재해왔고 항상 존재할 것이며
시종일관 동일한 하나의 존재자라고 말한다. 관찰은 이를 우리에게 보여
주지 않는다. 왜냐하면 **감각은 진리의 세계가 아니라 의견에 세계에 속하
기 때문이다. 오직 순수 이성(혹은 '로고스')만이 우리에게 진리를 보여줄 수
있다.**

파르메니데스는 우주는 과정이라기보다 실체라는 결론을 내린다. 그
것의 형태는 물체들이 만들어지고 파괴됨으로써 변하는 것처럼 보일 수
도 있지만, 그 물체들이 만들어진 물질은 영원히 존속한다. 그리고 그것
의 상이한 현상들은 단지 환영적인 '의견의 세계'의 일부일 뿐이다.

파르메니데스의 논증은 항구적이고 고정된 의미를 가진 말들에 의존
하지만, 사람들은 말들을 그런 식으로 사용하지 않는다. 말들의 의미는
시간이 지남에 따라서 변한다. 오늘날 말들이 물체들에게 영원불멸을 부
여할 수 있다고 생각하는 사람은 별로 없을 것이다.

7. 아낙사고라스 Anaxagoras
기원전 대략 500년 - 428년

오늘날 터키의 이오니아 지방에서 태어난 아낙사고라스는 철학적·과학적 사색의 전통을 시작한 아테네에서 30년을 보냈다. 그는 정치가 페리클레스(Pericles)와 극작가 에우리피데스(Euripides)와 교우하면서 그들에게 영향을 미쳤고, 우주에 대하여 완전히 유물론적인 설명을 제시했다. 이는 그가 불경죄로 기소되어 유죄판결을 받게 만들었다. 다행히 페리클레스가 개입하여 아낙사고라스는 추방을 면할 수 있었다.

그의 명성은 물질 세계에 대한 해석과 우주론, 그리고 **정신('누스')을 우주의 추진력으로 생각**한 점에 있다.[+] 그는 사물들은 생겨날 수 없다는 파르메니데스의 견해와 감각의 세계에서 나타나는 변화의 시각적 증거를 조화시키려 했다. 그는 '모든 것은 다른 모든 것의 일부를 포함하고 있으며', 음식이 살과 뼈가 되는 것은 그것이 이미 살과 뼈를 포함하고 있기 때문이라는 결론을 내렸다. 그는 '어떻게 머리카락이 아닌 것에서 머리카락이 나오거나 살이 아닌 것에서 살이 나올 수 있겠냐?'고 반문한다. 모든 사물은 다른 모든 것들의 작은 부분들로 만들어진다. 하지만 가장 작은 소립자라는 것은 없든가, 아니면 그것은 오직 하나일 것이다. 그는 소립자들 중에는 가장 작은 것도 가장 큰 것도 없고 그것들이 무한정 분할될 수 있음에 틀림없다는 결론을 내린다. 사물의 주된 구성요소가 그 사물을 만드는 것이다.

우주는 만물이 한 덩어리 안에 꽉 들어찬 상태에서 시작했다. 그것은

'누스'에 의하여 회전하게 되고, 더 크기는 하지만 지구상의 소용돌이들과 유사한 하나의 소용돌이가 된다. 그리하여 그것은 두 개의 거대한 덩어리들로 분리되는데, 바깥쪽 것은 뜨겁고 건조한 에테르이고 안쪽 것은 습기 찬 공기이다. 후자는 처음에는 안개가 되었다가 나중에는 물, 흙, 돌로 변하는데, 단계마다 점점 더 차가워진다. 평평한 모양의 지구는 그것의 크기와 그것이 나온 공기에 의하여 떠받쳐진다.

아낙사고라스는 태양이 하늘에 있는 붉고 뜨거운 돌인 반면, 달은 태양의 반사광으로 빛난다고 생각했다. 그는 일식은 달이 태양의 빛을 가리기 때문에 일어나는 것이고, 월식은 달에 반사되는 태양빛이 지구에 의하여 가려지기 때문에 일어나는 것이라고 옳게 설명했다. 그는 달이 흙으로 만들어졌고 그 위에는 평지와 계곡이 있으며, 유성은 하늘의 소용돌이가 흔들리면서 떨어진 돌이라고 말했다.

이러한 일이 일어나도록 만든 '누스'는 다른 모든 것들과 다르며, 그것들의 부분들을 포함하지 않는다. 그것은 '모든 것들 중에서 가장 미세하고 순수한 것'이다. 소크라테스와 아리스토텔레스는 불만스럽겠지만, 아낙사고라스는 결코 그의 우주의 배후에 목적을 부여하지 않는다 — 우주는 기계적으로 작동한다.

아낙사고라스는 자신의 사상뿐만 아니라 자신의 탐구정신을 후세에 전한다. **그는 인간이 태어난 목적이 무엇이냐는 물음에 '우주를 탐구하기 위해서'라고 대답했다.**

✝ 역자주: 아리스토텔레스는 아낙사고라스가 우리말로 '정신' 혹은 '지성' 등으로 번역

되는 '누스' (nous)를 발견했다는 점을 높이 평가하여 술 취한 사람들 중에 끼어 있는 유일하게 맨 정신인 사람이라고 칭찬했다. 그런데 누스의 발견이 왜 그토록 중요한가? 첫째, 아낙사고라스는 희미하게나마 정신과 물질을 구별한 최초의 인물이었다. 물론 그가 정신과 물질을 날카롭게 구별하고 이원론적 입장을 취한 것은 아니나, 그 구별을 가능케 한 계기를 아낙사고라스의 사상에서 발견할 수 있다. 둘째, 세계의 운동을 지성적 존재의 산물로 봄으로써 목적론적 사고방식의 태동을 예고했다. 물론 그는 자연을 목적론적으로 설명한 사람은 아니었다. 오히려 누스가 물리적 사물에 작용하는 방식에 관한 설명은 기계론적 성격을 띠고 있다. 누스는 타자를 움직이게 할 뿐만 아니라 스스로를 움직이게 하는 힘을 갖고 있다는 아낙사고라스의 설명은 목적론적 사고방식을 가능케 하는 요소를 지니고 있다. 물론 그가 누스에게 절대적 힘을 부여한 것은 아니다. 아낙사고라스에 따르면, 누스는 사물을 창조한 존재가 아니라 다만 그것에 질서를 부여한 존재이다.

8. 엠페도클레스 Empedocles
기원전 대략 492년 – 대략 432년

엠페도클레스가 글을 쓴 것은 2,500년 전이지만, 여러 가지 면에서 그는 놀라울 정도로 현대적이다. 시실리의 그리스 원주민인 그는 자기 주변의 세계를 당연하게 받아들이지 않고 왜 사물들이 지금의 모습대로이며 어떻게 그것들이 변하는지에 호기심을 가진 최초의 사람들 중 하나였다. 그는 어떻게 생명이 시작되는지, 그리고 죽은 다음에는 무슨 일이 일어나는지를 궁금해했다.

그는 운문으로 글을 썼으며, 그것들 가운데 많은 단편들이 지금까지 전해진다. 그의 작품 《자연에 대하여》와 《정화(淨化)》는 별개의 작품들이거나 더 큰 작품의 부분들일 수도 있다. 사물들을 그것들의 구성부분들로 분할하는 고대의 방식은 바로 엠페도클레스에게서 연유한 것이다. 그는 모든 사물들은 요소라고 부르는 네 가지의 기본적인 성분들로 만들어진다고 생각했다. 이 성분들은 흙, 공기, 불, 물이다. 그것들이 서로 다른 방식으로 혼합되고 배열되어 서로 다른 사물들을 만들어낸다.

엠페도클레스는 심지어 두 가지 힘들로, 즉 사랑과 투쟁으로 우주 기계론을 설명했다. 이 힘들은 서로 다투면서 차례로 우위를 차지한다. 우리는 그것들을 당김과 밀침으로 생각할 수도 있다. 엠페도클레스가 말하기를, 모든 것은 네 가지 요소들이 '사랑'에 의하여 모여 있지만 아직 섞이지 않은 하나의 구체(球體)에서 비롯되었다. 그것들은 서로 다른 비율로 결합되면서 서로 다른 형태의 물질들로 분리되었다.

생명체들은 환상적 배열로 결합된 신체 부분, 어떻게든 지탱하여 살아남을 수 있는 신체 부분만을 가지고 시작되었다. 이것은 엠페도클레스가 주장한 최초의 구체가 바로 원시 원자(primeval atom)라는 말이 아닌 것처럼 다윈의 진화론도 아니다. 그러나 그의 이론은 놀라울 정도로 현대적인 사고의 선구였다.

엠페도클레스는 사물에 대한 우리의 감각을 독창적으로 설명했다. 사물들에서 나온 보이지 않는 입자들이 우리의 감각 기관과 기공에 충격을 주고 이 입자들은 거기에 있는 유사한 입자들에 의하여 감지된다. 심지어 그는 달이 반사된 빛에 의하여 반짝이며, 그 빛이 사물들 사이의 공간을 가로지르는 데에 시간이 걸린다고 논했다. 이러한 생각들 역시 그 접근방식에 있어서 상당히 현대적이라는 느낌을 준다. 그는 서로 다른 형태를 가진 물질들, 어떻게 그것들이 시간이 지남에 따라서 변하는지, 그리고 어떻게 우리가 그것들과 상호작용하는지를 설명하려 했다.

그와 동시대인들은 그를 치료하는 능력과 날씨를 조절하는 능력을 가진 일종의 마법사로 간주했다. 그는 채식주의를 옹호하고 환생을 믿었다. 엠페도클레스는 자신이 신과 같은 힘들을 가졌다고 주장했던 것으로 보인다. 그는 자신이 불멸한다고 생각했으며 그것을 증명하기 위하여 에트나 산에서 뛰어내린 것으로 유명하다.[+] 그는 실패했고, 버트런드 러셀은 이에 관한 무명인의 시를 인용했다. '위대한 엠페도클레스, 열정적인 영혼을 가진 그는 에트나 산에서 뛰어내려 완전히 구워졌네.'

9. 프로타고라스 Protagoras
기원전 대략 490년 – 420년

프로타고라스는 소피스트들 — 고대 아테네에서는 공적 생활을 위한 하나의 필수과목이었던 수사학을 가르침으로써 생계비를 벌었던 학자들 — 중에서 가장 훌륭한 사람으로 추앙받는다. 프로타고라스 역시 시(詩)의 분석을 가르쳤고, 또한 자신이 가르쳤던 문법과 구문론을 최초로 체계화한 사람이었다. 그는 자신이 덕(德)도 가르칠 수 있다고 주장했다. 이것은 플라톤의 대화편 《프로타고라스》에서 나오는 주장이다. 그는 페리클레스와 사귀었으며, 이탈리아의 투리이(Thurii)에 세워진 아테네 식민지를 위한 헌법과 법률을 작성했다.

지금까지 전해지는 단편들 중에서 그의 가장 유명한 인용구는 '**인간은 만물의 척도다 — 존재하는 것에 대해서는 존재하는 것의, 그리고 존재하지 않는 것에 대해서는 존재하지 않는 것의 척도다.**' 이 말은 그의 상대주의, 즉 객관적이고 영원한 기준은 없으며 그 기준은 개인에 따라 다르다는 믿음을 드러낸다. 오직 한 사람만이 자신이 뜨겁다고 느끼는지 차다고 느끼는지를 판단할 수 있으며, 서로 다른 사람들은 사물들을 서로 다르게 경험한다. 프로타고라스는 아름다움도 상대적이며, 더욱 물의가 따르지만 이것이 덕과 진리와 정의의 영역에도 적용된다고 생각했다. 그는 어떤 사람에게 참인 것이 다른 사람에게는 거짓일 수 있다고 가르쳤다. 왜냐하면 객관적 진리는 존재하지 않기 때문이다. 또 그는 세계에 대한 해석은 필연적으로 주관적이며, 그 자체가 본질적으로 좋은 것은 아무것도 없다고 가르쳤다.

프로타고라스 자신은 정직하고 예의바른 사람이었다고 전해진다. 그러나 그의 제자들 중 몇몇은 그만큼 견실하지 못했고, 부당한 사례에서 이기기 위하여 영리한 논변을 사용하여 '소피스트'라는 낱말이 오늘날의 의미로 비윤리적인 영리함을 가리키는 말로 사용되게 만들었다. 몇몇 사람들은 프로타고라스를 비난했다. 왜냐하면 그는 '좋지 않은 입장을 좋은 것처럼 보이게 만드는 방법'을 가르쳤기 때문이다. 풍자시인 아리스토파네스(Aristophanes)는 자신의 희극 《구름》에서 프로타고라스를 웃음거리로 만들었다.+

프로타고라스는 아마 최초의 공인된 불가지론자(不可知論者)일지도 모른다. 그는 이렇게 적었다: '신들에 관하여 나는 그들이 존재하는지 혹은 그들이 어떤 부류일지를 알 길이 없다.' 그는 '지식을 방해하는 것은 여러 가지인데, 문제 자체가 애매하다는 것과 인생이 짧다는 것이 포함된다'고 말했다. 그는 **철학적 관심을 우주로부터 인간 가치에 대한 연구로 돌리기 시작했다.** 그가 상대주의를 주창하면서 모든 신성한 기준을 부정한 것은 플라톤에서 시작하여 후대의 사상가들로 하여금 정의와 덕과 인간 경험의 본성에 관한 초월적이고 영구불변하는 진리를 찾게 만들었다.

플라톤이 보고한 바에 따르면, 프로타고라스는 형벌에 관하여 당시에 비추어 개화된 견해를 갖고 있었다. 그 견해에 따르면, 형벌의 목적은 사회적 보복을 실행하기 위한 것이 아니라 범죄자가 위법행위를 되풀이하지 않도록 억제하기 위한 것이다. 이 견해는 그가 분별 있고 생각이 깊은 사람이었다는 설명과 잘 어울린다.

✝ 역자주: 당시 그리스에서는 소크라테스 역시 유명한 소피스트들 중 한 사람으로 여겨
졌으며, 실제로 《구름》에서 아리스토파네스가 조롱하는 대상은 프로타고라스가 아니라
소크라테스이다. 여기서 소크라테스는 바구니를 타고 하늘을 탐구하며 상대방을 논변으
로 격파하는 법을 가르치는 우스꽝스러운 사람으로 등장한다.

10. 제논 Zeno
기원전 대략 490년 - 430년

이탈리아의 엘레아에서 태어난 제논은 철학에 긍정적 기여가 아니라 부정적 기여를 한 것으로 주목받는다. 파르메니데스의 제자였던 그는 단하나의 나눌 수 없는 우주에 대한 자기 스승의 견해를 지지하기 위하여 그것과 반대되는 견해들의 어리석음을 끌어냈다. **그는 서로 다른 사물들 혹은 운동이 실제로 존재한다는 주장에 수반되는 모순과 불가능성을 증명함으로써 이것들의 존재를 부정하였다.** 그는 오늘날에도 흥미와 호기심을 자아낼 수 있는 일련의 역설들을 통하여 이것을 증명하였다.

제논은 자기 나이가 40세이고 파르메니데스의 나이가 65세일 때 자기 스승과 함께 아테네를 방문했다. 그들은 젊은 소크라테스와 말을 나눴고, 그들의 토론은 플라톤의 대화편 《파르메니데스》에 보존되어 있다. 아리스토텔레스는 제논이 변증법을, 말하자면 상대자와의 대화를 통하여 모순을 끌어내려는 방법을 창안했다고 생각했다. 제논은 실로 여전히 사용되고 있는 귀류법(*reductio ad absurdum*)을 소개했는데, 이것은 어떤 입장이 도달하게 되는 불합리함으로 인하여 그 입장이 옹호될 수 없음을 증명하는 방법이다. 어떤 사람들은 현대 논리의 출발을 그의 공적으로 돌린다.

제논은 40가지의 역설을 밝혔는데, 그중 일부만이 지금까지 전해진다. 가장 유명한 것은 **아킬레스와 거북이에 관한 역설**이다. 아킬레스는 거북이보다 100피트 뒤에서 출발하여 10배 빠른 속도로 거북이를 쫓는다.

그가 100피트를 따라잡았을 때, 거북이는 10피트를 갔을 것이다. 이렇게 아킬레스가 그 간격만큼 따라잡았을 때, 거북이는 10분의 1의 거리를 앞서 간다. 그렇다면 아킬레스는 10배나 빠름에도 결코 거북이를 잡지 못한다. 영원히 추월점에 미치지 못하도록 점점 더 짧은 거리를 선택함으로써, 그 역설이 일어난다.

경주로 역설도 유명하다. 경주로를 끝까지 가려면 당신은 우선 그것의 절반을 가야 한다. 그전에 당신은 다시 그 절반의 절반을 가야 한다. 모든 부분마다 당신은 그 절반을 먼저 가야 하는데, 이렇게 무한대로 분할되면, 당신은 결코 경주로를 끝까지 갈 수 없을 것이다.

제논이 말하기를, 날아가는 화살은 매 순간 공간의 한 부분을 차지하기 때문에, 그 순간에 그것은 정지해 있다. 그런 공간들이 무한대로 많다면, 날아가는 화살은 항상 정지해 있다.

그는 거리와 시간의 무한한 분할이 불가능하다는 것을 증명하여 서로 다른 대상들과 운동에 대한 우리의 감각적 경험이 거짓임에 틀림없다는 것을 보여주려 했다. 그것들은 단순히 영리한 트릭이 아니다. 왜냐하면 그것들은 우리의 마음이 공간과 속도와 시간의 간격들을 이해하는 방법의 핵심에 닿아 있기 때문이다. 현대 학자들에게 그것들은 더 이상 역설이 아니다. 그러나 그것들은 고대 그리스의 사상가들로 하여금 서로 다른 것들의 혼합을 제안하기보다는 질료에 대한 물리학적 설명을 찾아야 한다는 영감을 불어넣었다. 그리고 그것들은 데모크리토스(Democritus)를 비롯한 원자론자들로 하여금 물질이 아주 작고 나눌 수 없는 요소들로 구성되어 있다고 주장하게 했다.

11. 소크라테스 Socrates
기원전 대략 469년 ─ 399년

소크라테스는 서양철학에서 주축이 되는 인물이다. 이는 부분적으로 그의 철학적 접근법 때문이기도 하고, 부분적으로 그의 삶이 하나의 모델이자 영감을 주었기 때문이다. 고대 그리스철학자들은 소크라테스 이전과 이후로 나뉜다. 그럼에도 그는 수수께끼의 인물로 남아 있다. 왜냐하면 그 자신은 아무것도 저술하지 않아서 그 인물과 사상에 대한 우리의 지식은 다른 사람들의 이야기에 의존하고 있기 때문이다. 특히 플라톤은 소크라테스가 등장하는 대화편을 통하여 철학적 사상들을 설명했다. 그러나 이 대화편에서 말해진 것 가운데 많은 부분은 자기 스승의 생각이기보다 명백히 플라톤 자신이 이후에 발전시킨 내용을 드러내고 있다.

전해지는 바로는 소크라테스는 상당히 못생겼다. 툭 튀어나온 눈과 편평하고 벌어진 코를 갖고 있었고 맨발에 씻지도 않고 돌아다녔다고 한다. 아리스토파네스의 《구름》에는 소크라테스가 젊은이들에게 빚쟁이들을 교묘하게 피하는 방법을 가르치는 모습을 익살스럽게 묘사한 부분이 있다.

그는 원래 석공이었지만 수업료도 받지 않고 철학을 가르치느라 그 직업을 포기했다. 그는 시장에서 변증법적 문답법, 소위 '소크라테스적 방법'으로 사람들을 끌어들이고 있었다. 델피 신전의 사제는 그를 가장 현명한 사람이라고 말했다. 이 말에 놀란 소크라테스는 소문에 현명하다는 사람들에게 찾아가 그들의 지식에 대하여 반문하는 방식으로 질문을 하기 시작했다. 이것으로는 부족함을 깨닫고, 소크라테스는 자신의 **지혜는 오직 자신이 무지하다는 사실을 아는 데 있다**고 이해했다.

소크라테스적 방법은 사람들이 자신이 알고 있다고 생각하는 것에 대하여 물으면서, 이들의 대답에서 내적인 모순을 끌어내어 보다 일관성 있는 가정을 얻기 위하여 최초의 주장을 거부하게 만드는 방법이다. 소크라테스는 사랑, 명예, 덕, 용기 같은 것들에 대한 전통적 관념들의 부적절함을 보여주기 위하여 그 방법론을 파괴적인 방식으로 사용했다. 그렇게 하는 와중에, 그는 여러 중요한 인물들을 무식하다고 보이게 만들어 그들을 화나게 만들었다.

소크라테스에게, **나쁜 행위는 무지의 소산이지 고의적인 악에서 나오는 것이 아니다.** 반면 지혜는 사람을 덕으로 이끌고 사람은 선한 것을 찾으면서 자신의 삶을 보내야 한다. 그는 나중에 견유학파와 스토아철학에 영감을 불어넣은 주제인 단순한 삶을 옹호했다.

아테네에서 정치적 소란이 있은 후, 소크라테스는 젊은이들을 타락시키고 불경함을 조장한다는 죄로 고발당했다. 실제로 그는 종교의식을 준수했던 듯하며 자신이 무언가 나쁜 일을 하려고 하면 '내면의 목소리'가 자신에게 경고를 했다고 주장했다.

소크라테스의 제자들 중에는 민주정체를 경멸하는 부유한 청년들이 포함되어 있었다. 그 제자들 가운데 일부는 민주정체를 일시적으로 전복했던 30참주(Thirty Tyrants)의 통치에 참여했다.[+] 플라톤의 대화편 《변론》에서는 자신이 무지에 대항하고 선을 추구했을 뿐이라는 그의 변호를 들을 수 있다. 또 플라톤의 대화편 《파이돈》에서는 어떻게 그가 죽음을 두려워하지 않고 법정의 사형선고를 받아들이면서 자신이 인정했던 법률에 순응했는가를 읽을 수 있다. 그는 독배를 마시고, '그의 세대에

가장 순수하고 가장 현명하면서 가장 올바른 사람'이라는 전설로 남게
되었다.

✝ 역자주: 기원전 431년부터 기원전 404년까지 계속된 펠로폰네소스 전쟁은 아테네의
패배로 끝을 맺고 그리스의 주도권은 스파르타가 쥐게 된다. 주도권을 잡은 스파르타의
장군 리산드로스의 후원하에 아테네에는 30인 참주정치 혹은 과두정치 체제가 들어선다.
그러나 민주파 시민들을 살해하고 추방하고 재산을 몰수하는 참주들의 공포정치는 반항
을 불러일으켜 얼마 안 가서 403년 6월에 민주정치가 부활되었다.

12. 데모크리토스 Democritus
기원전 대략 460년 – 370년

데모크리토스는 '웃는 철학자'라고 불린다. 왜냐하면 그의 기질이 명랑할 뿐만 아니라 인간이 하는 행위들의 어리석음이 그를 웃겼기 때문이다. 그는 물질에 대한 원자론으로 더 널리 알려져 있다. 레우키포스(Leucippus)의 제자인 데모크리토스는 자기 스승의 사상을 다듬어 체계화했다. 그는 이집트와 바빌로니아, 아마 인도로까지 여행을 하면서 서로 다른 나라의 지식들을 수집했다. 그는 원뿔의 부피가 똑같은 밑면과 높이를 가진 원통의 부피의 3분의 1임을 알아냈다. 또 전하는 말에 따르면, 그는 허브 추출물들과 그것들의 특성에 대하여 잘 알았다고 한다. 그의 저술은 다른 작가들이 인용한 단편들로만 전해진다.

그는 실재에 대한 상충하는 생각들을 조화시키려고 했다. 파르메니데스는 무로부터는 아무것도 나올 수 없으며 아무것도 변하지 않는다고 말했다. 헤라클레이토스는 항구적인 변화를 지적했다. 데모크리토스는 **우주가 두 가지 것들, 원자와 허공으로 구성되어 있다**고 가정했다. 원자들은 모든 것을 만드는 작고 나눌 수 없는 입자들이다.[+] 그것들은 영원하고 압축할 수 없으며 움직이고 있다. 허공은 '무'가 아니라 원자들이 움직일 수 있는 공간이다. 원자들의 충돌과 집합은 우리가 지각하는 서로 다른 사물들을 설명한다. 이 사물들은 영원하지 않다. 왜냐하면 그것들의 원자들이 새로운 결합을 만들어낼 수 있기 때문이다. 그러나 원자들 자체는 파괴되지 않는다.

데모크리토스는 원자들은 그 모양·크기·표면이 서로 다르다고 말했다. 어떤 원자들은 좋은 걸쇠를 갖고 있어서 다른 원자들과 쉽게 결합되어 단단한 물체를 만들어낼 수 있다. 이에 비하여, 다른 원자들은 표면이 매끈하여 쉽게 결합되지 않고 물처럼 고정되지 않는 물질을 만들어낸다. 우리가 감각으로 사물을 지각하는 것은 물체의 원자들이 우리의 눈, 코, 입, 혀, 손에 있는 원자들과 상호작용하기 때문이다. 이는 우리의 감각이 믿을만하지 않다는 뜻이다. 달거나 쓰다는 성질들은 원자들 자체에 있는 성질들이 아니다. '습성에 의하여 뜨겁고 습성에 의하여 차가운 것이지, 실은 원자와 허공뿐이다. 그리고 실은 우리는 아무것도 모른다. 왜냐하면 진리는 바닥에 있기 때문이다.'

데모크리토스의 설명은 완전히 기계론적이다. 그가 말하는 우주에는 항상 존재해온 어떤 목적이나 방향이 없다. 그는 대중들이 언뜻 보기에 설명할 수 없는 것들을 설명하기 위하여 신들을 이용한다고 생각했다. **그는 우리의 영혼은 불의 원자처럼 영원히 움직이는 매우 순수한 원자들로 이루어졌으며 그것들이 우리의 몸을 움직이게 한다고 말했다.**

그의 윤리적 입장은 쾌락을 강조한다. 그는 한편으로 쾌락은 '유익한 것들의 특징'이라고 생각했지만, 다른 한편으로 그것을 적절히 증대시켜야 한다고 생각했다. 그는 두려움과 미신에 의하여 흔들리지 않는 평온한 삶을 주장했으며, 이는 그의 후계자들에게 큰 영향을 미쳤다.

＋ 역자주: 영어의 'atom', 우리말로 '원자'는 그리스어 아토몬(atomon)에서 왔다. 아토몬은 그 자체로 '불가분(不可分)', 즉 나눌 수 없다는 뜻을 가지고 있다.

13. 안티스테네스 Antisthenes
기원전 대략 446년 - 366년

소크라테스의 제자이며 디오게네스의 스승이었던 안티스테네스는 소크라테스의 윤리적 삶과 그것을 보다 강경한 형태로 표현한 디오게네스의 견유학파 철학을 연결하는 교량이었다. 고르기아스(Gorgias) 아래에서 수사학을 배웠던 안티스테네스는 갑자기 소크라테스 편으로 돌아서서 다른 학생들에게 그와 같이 행동하라고 설득했다. 안티스테네스는 너저분한 옷을 입고 수염을 덥수룩하게 기르면서 자신이 물질적 쾌락을 거부함을 과시했다. 안티스테네스가 어째서 해진 외투에 뚫린 구멍들을 숨기지 않고 보이게 하는지를 지적하면서, 소크라테스는 '나는 너의 외투에 뚫린 구멍들을 통해 너의 허영심을 보고 있다' 고 말했다.

안티스테네스는 소크라테스의 가르침을 넘어섰다. 그는 행복과 덕을 같은 것이라고 보았다. 행복한 사람은 덕이 있는 사람이다. 더 나아가 덕은 가르칠 수 있는 것이며, 한번 얻으면 결코 잃을 수 없다.[*] 안티스테네스는 재산과 쾌락 같은 외적인 것들을 멀리하고 진리와 자기이해 같은 내적인 것을 추구하라고 사람들에게 가르쳤다. **검소하고 금욕적인 삶이 지혜와 덕으로 가는 통로인 반면, 쾌락을 추구하는 것은 경솔하고 바보스런 행동으로 이어진다.** 욕망은 사람을 노예로 만들고, '네 적의 아들들이 호사스럽게 살길 바란다' 라는 말은 그들을 저주하는 것이다.

안티스테네스는 60여 권의 책을 썼지만, 그 대부분은 소실되었다. 그의 관심사는 검소함을 통하여 윤리와 덕을 추구하는 것이었으며, 중요한 것은 이론이 아니라 행동이었다. 그는 거지의 배낭과 지팡이를 들고 다녔다. 사람들은 그의 빈곤을 멸시했지만, 그는 그런 판단을 경멸하고 외려 악명을 축복이라 했다. 그는 신랄한 유머감각으로 자신의 가르침을 전했는데, 한번은 장성(將星)을 선출하기 위하여 모인 아테네 의회에 대고 차라리 당나귀를 말로 만드는 데 투표하라고 역설했다. 그는 아첨꾼들 가운데 떨어지느니 차라리 까마귀들 가운데 떨어지는 편이 더 낫다고 말했다(이는 그리스어의 동음이의어를 이용한 익살이다). 왜냐하면 후자는 오직 죽은 사람만 먹어치우는 데 반해, 전자는 살아 있는 사람을 먹어치우기 때문이다.

소크라테스는 사회의 법률에 복종하라고 가르쳤다. 그러나 안티스테네스는 자신의 추종자들에게 설령 **법률을 거스르더라도 덕을 좇으라**고 촉구했다. 그의 윤리학은 종교적 지지를 결여하고 있었다. 왜냐하면 그는 보편적 진리라는 것은 없다고 말했기 때문이다. 안티스테네스는 자연에는 오직 하나의 신이 있으나 그 신은 지구상의 어느 것과도 닮지 않았다고 생각했으며, 그는 그 신을 어떤 종교적 감정을 가지고 존경하지 않았다. 후대에 키케로는 이것이 신성(神性)의 모든 의미와 실체를 박탈했다고 비판했다.

안티스테네스는 헤라클레스의 덕과 용맹을 칭찬하면서 자신의 추종자들에게 덕과 함께 정력을 기르라고 촉구했다. 그 자신이 유능한 레슬링 선수였으며, 타나그라 전투에서 보여준 용기로 명성을 떨쳤다. 그러나 그의 관심사는 지혜와 덕을 배양하는 것이었으며, 이는 철학을 외적인 세계보다는 내적인 자아로 돌린 철학자들 가운데 하나로 평가하게 만들었다.

✢ 역자주: 이 주장이 중요한 이유는 고대 그리스철학자들 사이에는 덕(virtue)을 지식처럼 가르칠 수 있는 것인가 하는 문제에 대하여 이견들이 있었기 때문이다. 예를 들어, 소크라테스는 지식은 덕이라고 말한 반면에, 아리스토텔레스는 윤리적 덕은 지식처럼 가르칠 수 있는 것이 아니라 훈련을 통하여 습관(habit)으로 만들어야 하는 것이라고 말했다.

14. 플라톤 Plato
기원전 427년 – 347년

고대철학자들 가운데 가장 유력한 사람으로서, 플라톤은 즐겁고 읽기 쉬운 스타일로 글을 썼다. 그의 작품의 대부분은 자신의 은사인 소크라테스와 다른 사람들 사이의 대화로 이루어져 있다. 플라톤은 이 대화편들에 나오는 인물이 아니다. 그래서 많은 사람들은 소크라테스가 플라톤의 견해를 표현한다고 추측한다.

이러한 토론들에서 플라톤은 정의와 사랑 같은 것들의 의미를 탐구하며, 균형 잡힌 삶이나 정의로운 국가를 구성하는 것은 무엇인가 하는 문제를 검토한다. 전형적으로 소크라테스는 쟁점의 본질적인 요소들을 명료하게 하기 위하여 자신의 대화자에게 반문을 던진다. 플라톤의 철학은 그런 대화들의 모음에서 나타난다.

플라톤은 지상(地上)의 물체들은 그것들의 이상적이고 완전한 형상들의 그저 희미한 그림자 혹은 표상일 뿐이며, 철학자는 그 완전한 것을 간파하려고 노력해야 한다고 생각했다. 그는 우리의 견해를 불빛에 의하여 동굴 벽에 비친 사물들의 그림자를 보면서 실재는 어떤 모습일지를 희미하게만 인식할 수 있는 동굴 속의 죄수들에 비유했다. 정의롭고 사색적인 인생을 삶으로써 철학자는 그런 완전한 형상에 대한 의식을 얻을 수 있다.

플라톤은 영혼이 세 가지 요소들로 구성된다고 말했다: 기본적 욕구들을 만족시키려는 욕망의 측면, 용기와 같은 자질로 대표되는 기개의 측면, 그리고 마음에 속하는 세 번째 부분인 이지(理智)의 측면. 균형이

잡힌 마음은 세 가지 요소 중 어느 하나가 지나치게 지배적이지 않도록 하고 자기의 고유한 영역을 지키도록 한다.

대화편 《국가》에서 플라톤은 영혼의 이 세 부분들이 사회의 세 계급들에 대응한다고 말한다. 통치자와 군인과 일반인이 있고, 그들은 자질과 가치의 측면에서 금, 은, 동 같은 금속들에 비유될 수 있다. 정의로운 마음과 마찬가지로, 정의로운 국가는 각 계급이 자기에게 합당한 영역을 지키게 할 것이다. 플라톤은 세속적인 유혹들을 피하도록 훈련시킴으로써 정의로운 통치자를 얻을 수 있을 것이라고 말했다.

자신의 생각을 현실에 적용하기 위하여, 플라톤은 두 번이나 아테네에서 시라쿠사로 배를 타고 가서, 당시 그곳의 전제군주였던 디오니시우스 2세와 디온에게 좋은 정부에 대하여 조언했다.* 그러나 두 번의 여행은 모두 굴욕적 실패로 끝났다. 보다 지속적인 방편으로서 플라톤은 아카데미, 즉 철학자 양성 학교를 설립했다. 플라톤은 환생을 믿었으며, 사람은 철학자의 삶을 통하여 얻어지는 영원한 평화와 행복을 얻을 때까지 여러 번 계속되는 삶을 살 수 있다고 믿었다. 그는 **지식은 배워서 얻는 것이 아니라 전생**(前生)**으로부터 회상하는 것**이라고 말했다. 대화편 《메논》에서 그는 정식 교육을 받은 적이 없는 노예에게서 기하학에 관한 기억을 끌어낸다.

대화편 《향연》에서 플라톤은 육체적인 충족을 떠나 자신이 주장하는 초연한 철학자의 삶의 모습을 지닌 사랑('플라톤적' 사랑)에 대하여 설명한다.

+ 역자주: 플라톤이 젊은 시절 여행 중에 알게 된 디온(Dion: 기원전 408년 – 354년)이
라는 사람은 자신의 조카인 디오니시우스 2세(Dionysius II: 기원전 대략 395년 – 대략
343년)가 형의 뒤를 이어 왕위를 계승하자 플라톤에게 편지를 보낸다. 편지의 요지는 플
라톤이 『국가』에서 제안한 이상 국가를 바로 자신의 조카가 왕으로 있는 시칠리아 섬 남
부의 시라쿠사에서 실현해보자는 것이었다. 플라톤은 두 차례에 걸쳐서 시라쿠사로 가서
자신의 이상을 실현하려 했으나, 왕을 둘러싼 정치꾼들의 음모에 휩쓸려 그의 기도는 모
두 실패하고 만다. 그가 제안한 이상사회는 남녀평등과 공동재산을 특징으로 한다. 특히
남녀평등은 당시 그리스의 전통사회에 비추어볼 때 획기적인 제안이었다.

15. 디오게네스 Diogenes
기원전 대략 412년 - 323년

시노페(Sinope)에서 출생한 디오게네스는 '견유학파 사람'(Cynic)이라
고 일컬어지며 지금까지 전해지는 저술은 하나도 없다. 하지만 그에 관
한 글을 쓴 사람들을 통하여 그 인물과 사상에 대한 생생한 묘사를 얻을
수 있다. 디오게네스는 어떤 사람의 동기에 의문을 제기한다는 현대적
의미에서의 냉소적인(cynic) 인물은 아니었다. 그의 경우에는 그 표현은
'개처럼'(dog-like)을 의미하는 그리스어 키니코스(*knyikos*)에서 유래한
것이다. 왜냐하면 그는 개처럼 살았다고 생각되었기 때문이다.

델피 신전의 사제가 그에게 '화폐를 위조할' 것이라고 말했다고 전해
지는데, 놀랍게도 그의 아버지는 시노페에서 실제로 화폐 위조에 연루되
었고 디오게네스는 아버지와 함께 추방되었다. 그러나 디오게네스는 델
피의 신탁을 자신이 관습의 생성을 막을 것이라는 의미로 받아들였고,
그렇게 하기 위하여 아테네로 갔다.

디오게네스는 **인간들은 문명에 억눌려 인위적으로 살아간다고 가르쳤**
다. 이와 대조적으로 개는 배고플 때 먹고 부끄럼 없이 공공연하게 신체
적 기능을 수행한다. 디오게네스는 괴상한 생활방식으로 유명했는데, 관
례를 비웃으면서 개처럼 예의범절에 어긋나게 행동한 것이 포함된다. 플
라톤은 그를 '미친 소크라테스 같다'고 말했다. 그는 허름한 옷을 입고
소박한 음식을 먹고, 어떠한 종류의 사치품도 삼갔다. 실로 그는 문명화
된 삶의 허영과 위선이라며 사치품을 경멸했다. 그는 통 속에 살아서 집

이 필요 없었다. 그는 한 소년이 손을 잔 모양으로 모아 물을 마시는 모습을 보고는 자기의 나무 사발도 불필요한 사치품이라며 던져버렸다.

그는 재치와 지성으로 다른 철학자들 사이에서 유행하는 궤변들을 조롱했다. 플라톤이 사람을 깃털 없는 두 발 동물이라고 정의한 것을 듣고는, 디오게네스는 닭의 깃털을 뽑아 그것이 사람의 표본이라며 플라톤의 교실에 보냈다. 그 후 플라톤은 자신의 정의에 '넓은 손발톱을 가진' 이란 수식을 덧붙였다.

전하는 바에 의하면, 디오게네스는 여행을 하다 해적들에게 붙잡혀 코린트에서 노예로 팔렸다고 한다. 무슨 기술을 갖고 있냐고 묻자, 그는 '사람을 다스리는 것'이라고 대답했고 다스림을 필요로 하는 다른 사람에게 자신을 팔아달라고 부탁했다고 한다. 그래서 그는 제니아데스 (Xeniades)의 아들들의 개인교사로 팔려갔다.

알렉산더 대왕이 코린트에서 그를 방문했을 때 디오게네스는 햇볕을 쬐고 있었는데, 알렉산더는 그에게 자신이 그를 위하여 해줄 만한 일이 있냐고 물었다. 이에 디오게네스는 알렉산더에게 햇볕을 가리지 말아달라고 답했다. 전하는 바에 의하여, 알렉산더는 자신이 알렉산더가 아니었다면 디오게네스처럼 되고 싶다고 말했다고 한다.

디오게네스는 자신이 '**용기로 운명에 맞서고 자연으로 관습에 맞서고 이성으로 정념에 맞설 수 있다**'고 주장했다. 그리고 삶을 안락하게 하는 것들에 대한 그의 무관심은 스토아학파를 비롯하여 후대의 철학자들에게 강력한 영향을 미쳤다.

16. 아리스토텔레스 Aristotle
기원전 384년 - 322년

아리스토텔레스와 플라톤은 고대 세계에서 가장 영향력 있는 철학자들이었다. 아리스토텔레스의 영향력이 더 컸는데, 그는 더 많은 주제들을 다루었기 때문이다. 그의 사유는 2천 년 동안 지배해온 사고 체계들과 더불어 유럽인들의 지적 발달의 토대를 제공했다.

그는 17살에 플라톤의 아카데미에 들어가서 얼마되지 않아 수사학과 변증법을 가르치는 선생님이 되었다. 플라톤이 죽자, 아리스토텔레스는 아소스(Assos)로 가서 과학의 기초를 형성한 생물학 연구를 수행했다. 그다음에는 마케도니아의 필립 2세의 궁전으로 가서 어린 알렉산더 대왕의 가정교사가 되었다. 알렉산더 대왕의 후원으로 아테네에 돌아온 그는 플라톤의 아카데미에 필적하는 리케리온(Lyceum)이라는 학원을 설립하여 보다 많은 주제들에 대하여 가르쳤다.

그의 사상은 결코 출판할 의도는 아니었던 강의 노트를 통하여 살아남았다. 그는 물리학, 형이상학, 생물학, 논리학, 기상학, 천문학, 심리학, 문학 분석, 윤리학, 정치학에 대한 글을 썼으며, 대체로 전 분야를 개척한 셈이다.

그의 논리에 관한 논문은 귀납추론과 연역추론 그리고 삼단논법을 비롯한 추리의 보편적인 규칙들을 처음으로 세웠다. 아직도 사용되는 아리스토텔레스의 고전적인 삼단논법은 다음과 같은 형식을 가진다. '**모든 인간은 죽는다. 소크라테스는 인간이다. 따라서 소크라테스는 죽는다.**'

형이상학에서 아리스토텔레스는 존재의 근본 원리를 탐구했다. 그는 사물의 본질을 탐구하여 사물은 질료(質料)와 형상(形象)으로 이루어진 '실체'를 갖고 있다는 결론을 내렸다. 이 '실체' 개념은 중세의 스콜라철학으로 이어졌다. 그는 모든 사물의 네 가지 원인을 밝혔다. 모든 사물의 기체가 되는 질료인, 모든 사물의 본질이 되는 형상인, 모든 사물을 창조하는 수단이 되는 작용인, 그리고 모든 사물의 목적이 되는 목적인.

윤리학에 관한 글을 쓰면서, 아리스토텔레스는 모든 사람은 행복을 추구하지만 생활에 필요한 것들을 얻는 것만으로는 불충분하다는 사실을 관찰한다. **현명한 사람은 중용(中庸)을 통하여 진정한 행복을 찾는다. 왜냐하면 모든 덕은 두 극단의 악덕들 사이, 즉 '중용'에 있기 때문에 있다.**⁺

아리스토텔레스가 말하기를, '인간은 정치적 동물이다.' 따라서 인간의 자연적 고향은 자족적인 도시국가이다. 이것은 (생식을 위한) 남자와 부인의 자연적 관계, 그리고 (상생을 위한) 주인과 노예의 자연적 관계에서 도출된다. 아리스토텔레스는 누가 국가를 통치하며 국가는 누구의 이익을 위하여 통치되는가를 묻는다. 그는 정치체제를 전체의 이익을 추구하는 군주정, 귀족정, '혼합정'(polity)으로 나누고, 이것들이 타락한 '변형'인 참주정, 과두정, 민주정과 비교했다. 그는 안정성 면에서 (적절한 부에 의한 통치인) '혼합정'을 찬성한다.

아리스토텔레스의 우주는 같은 중심을 가지고 있다. 우주는 다섯 가지 요소를 가지고 있으며, 중심에 있는 흙에서 시작한다. 다음으로 물, 공기, 불이 나오고, 마지막으로 천계를 이루는 요소인 에테르가 나온다. 아리스토텔레스의 다른 사상들과 더불어, 이런 지구중심 모형은 나중에는 절대적인 진리로 간주되지만, 이것은 결코 아리스토텔레스 자신이 주장했던 바는 아니다.

✝ **역자주:** 예를 들면, 아리스토텔레스는 윤리적 덕들 가운데 용기(courage)를 첫 번째로 꼽는데, 용기는 비겁함과 무모함의 중간이다. 아리스토텔레스에게 있어서, 덕 혹은 중용이란 상황에 따른 가장 '적절한' 행위와 감정을 발휘하는 것이다. 따라서 상황을 고려하지 않고 무조건 적에게 덤비는 것이 용기는 아니다.

17. 에피쿠로스 Epicurus
기원전 341년 - 270년

에피쿠로스는 욕망을 줄이고 평정을 얻는 방법을 우리에게 가르쳐준 철학자라는 대중적인 인상에 부합한다. 스토아학파와 견유학파처럼, 오늘날 에피쿠로스주의(epicurean)라는 낱말은 한때 그것이 주장했던 철학에서 벗어나 있다. 오늘날 에피쿠로스주의자는 감각적인 쾌락, 특히 좋은 음식을 음미하는 사람을 나타내지만, 그것은 에피쿠로스가 생각했던 바가 아니다.[+]

그는 **최고선(最高善)은 행복이며, 행복은 고통과 두려움을 피하고 극도의 쾌락보다는 적당한 쾌락에 만족함으로써 가장 잘 얻어진다**고 가르쳤다. 비록 단편들만 전해지나, 우리는 다른 철학자들로부터, 그중에서도 특히 고대 로마의 에피쿠로스 추종자이며 《우주의 본성》이란 책에서 하나의 체계적 이론을 작성한 루크레티우스(Lucretius)로부터 에피쿠로스에 대하여 많은 것을 알게 되었다.

그가 아테네에 세운 학교는 '정원'(Garden)이라고 불렸는데 실제로 하나의 정원이었다. 이 학교에서 에피쿠로스는 허공에서 원자들이 충돌함으로써 사건들이 일어난다고 가르쳤다. 그는 원자들이 예측할 수 없는 이유로서 그것들이 상궤를 벗어날 수 있다는 특이한 생각을 데모크리토스의 원자론에 덧붙였고, 이는 그가 결정론적인 체계를 거부할 수 있게 해주었다. 원자들이 충돌하는 배경에는 어떤 목적도 계획도 없다. 그는 기계론자인 동시에 철저한 경험주의자였다. 그는 자신의 추종자들에게 오직 관찰들과 그 관찰들에 관한 연역적 결론들에서 도출된 것만을 믿으라고 말했다.

그는 신들이 불사(不死)이고 신성하지만 인간과 전혀 상호작용하지 않으므로 그들을 두려워할 이유가 없다고 말했다 또한 **인간은 죽음을 두려워할 필요가 없다. 왜냐하면 죽음은 의식과 감각의 끝이므로 어떤 고통도 줄 수 없기 때문이다.** 삶에서 좋은 것과 나쁜 것은 그것들이 가져오는 고통과 쾌락에 의하여 정해지며, 우리는 그것들의 적당한 균형에 따라서 행동해야 한다. 방종은 고통으로 이어질 가능성이 높은 반면에, 적절한 만족과 평정의 상태는 더 많은 행복을 가져올 것이다.

에피쿠로스는 우정을 인생의 가장 큰 즐거움들 중 하나로 높였으며, 권력과 부에 대한 '헛된' 욕망보다는 음식과 거처에 대한 '자연적' 욕망의 만족을 찬양했다. 그는 불안과 두려움, 특히 죽음과 신의 처벌에 대한 두려움이 고통과 불행의 가장 중요한 원천인 반면에, 지진과 자연재해는 사실상 신들의 노여움이 아니라 원자들의 운동에 의하여 일어나는 것이라고 가르쳤다. 그의 제자들은 정치는 결국 고통으로 이어질 것이라는 근거에서 정치를 피했다.

에피쿠로스의 철학은 생활에서 확인되는 실천적 지침을 제공했는데, 이것이 그의 철학의 지속적인 매력을 설명한다. 그의 '정원' 학교의 정문 위에는 '나그네여, 당신은 여기서 묵어가는 편이 좋으리라. 여기서 우리의 최고선은 쾌락이다' 라고 적혀 있었다. 에피쿠로스는 쾌락이 지혜와 정의에 따른다고 가르쳤다.

✝ 역자주: 에피쿠로스학파는 '쾌락주의'를 표방했다는 이유로 '술 취한 돼지'라는 비난을 들었다. 그러나 그들의 생활은 향락과는 거리가 멀었고, 매우 검소했으며, 고기와 술을 먹지 않고 빵과 물과 야채 등만을 먹었다. 그리고 육체적 쾌락을 추구하지 않았으며, 지혜로운 사람과의 대화를 통한 정신적 쾌락을 추구했다. 에피쿠로스학파가 추구한 정신적 쾌락 혹은 이상적 상태는 '아타락시아'(ataraxia)라고 하는 영혼의 평정(平靜) 혹은 무관심의 상태로서 사람들이 일반적으로 생각하는 쾌락과는 다르며, 차라리 불교에서 말하는 열반(涅槃, nirvana)에 가까운 것이라고 볼 수 있다.

18. 아리스타쿠스 Aristarchus

기원전 대략 310년 - 230년

사모스 섬의 아리스타쿠스는 수학자이자 천문학자였다. 자신의 계산에 따라서 그는 지구에 거주하는 사람들은 엄청나게 큰 우주의 아주 작은 부분이며, 지구는 태양 주위를 돈다고 가정했다. 그는 그의 후기 견해에 대한 글을 쓴 아르키메데스(Archimedes)의 선행자이며, 그의 초기 저작인 《태양과 달의 크기와 거리》에 관한 기록이 남아 있다.

처음에는 당시에 유행하던 지구중심설을 받아들여, 아리스타쿠스는 달은 반사광(反射光)에 의하여 빛나는 것이므로 반달일 때는 지구에서 태양으로 직각이 되는 위치에 있어야 한다고 추론했다. 이런 식으로 그는 어떤 삼각형 위에 달의 위치를 그리고, 그 변들 사이의 비율을 계산할 수 있었다. 그는 지구와 태양의 거리가 지구와 달의 거리에 18배나 멀다는 결론을 내렸다(실제의 비율은 약 400배이다 — 아리스타쿠스의 방법은 논리적으로 옳았지만 그것을 측정할만한 정확한 도구가 없었다).

일식(日蝕)과 월식(月蝕)을 통하여 태양과 달이 지구에서 보기에는 동일한 크기임을 알았고 지구로부터 그것들 각각의 거리를 어림잡아, 그는 태양의 반지름이 달의 반지름보다는 30배가 크고 지구의 반지름보다는 7배가 크다고 계산했다. 태양의 부피가 지구의 부피에 300배가 크다고 산정하고 작은 물체가 큰 물체 주위를 돈다고 생각하여, 어떤 단계에 이르러 **아리스타쿠스는 지구가 그것보다 훨씬 더 큰 태양 주위를 원형 궤도를 그리며 돈다는 견해로 바꿨다.**

동시대에 아리스타쿠스보다 젊었던 아르키메데스가 겔론(Gelon) 왕
에게 올린 글에 따르면, 사모스 섬의 아리스타쿠스는 '우주는 천문학자
들이 일반적으로 가정하는 것보다 여러 배 더 크며, 항성(恒星)들은 태양
과 행성들로부터 엄청나게 멀리 떨어져 있다'고 주장했다. 측정할만한
시차(視差)가 없었으므로,⁺ 아리스타쿠스는 항성들이 지구로부터 거의
무한대에 가까운 거리에 있다고 생각했다. 그는 태양도 하나의 항성이지
만 다른 항성들에 비하면 훨씬 더 가깝다고 생각했다.

그래서 그는 지구는 엄청나게 큰 우주의 작은 반점에 불과하다는 견해
를 취했다. 이런 견해는 당시의 의견에서 벗어난 것이었으며 종교적인 관
례를 뒤엎는 것이었다. 스토아학파의 클레안테스(Cleanthes)는 《아리스
타쿠스에 반대하여》라는 글을 써 '우주의 화덕을 움직이게 만든 불경죄'
로 그를 기소할 것을 요청했다. 한편 데리킬리데스(Dericyllides)는 아리
스타쿠스가 '그 본성과 위치 때문에 움직이지 않는 사물들을 움직이게 하
는데, 그러한 가설은 수학자들의 이론에 반대된다'고 분명히 밝혔다.

아리스타쿠스는 미리 예상하여 기소를 피해 달아났으며, 오늘날 그는
가장 선견지명이 있었던 고대 사상가들 중 하나로 간주된다.

⁺ 역자주: '시차'(視差: parallax)란 관측자의 위치에서 본 천체의 방향과 어떤 표준점에
서 본 천체의 방향과의 차(差)를 뜻한다. 다른 예로, 보통 사람의 두 눈은 약 65밀리미터
정도 떨어져 있기 때문에 같은 물체에서 발산하는 광선이라도 좌우 두 눈으로 들어오는 각
도는 조금씩 차이가 있으며, 두 눈으로 바라보는 물체의 원근(遠近)에 따라 만들어지는
각도도 차이가 있다. 사람은 이러한 시차를 통하여 자기가 바라보는 물체의 원근을 감지
한다. 여기서 말하는 시차는 이와 같은 원리를 별의 거리를 측정하는 데 적용한 예이다.

19. 아르키메데스 Archimedes
기원전 대략 287년 – 212년

시라쿠사에서 태어난 아르키메데스는 역사상 가장 위대한 수학자들 중 한 명으로서 여러 학문분야에서 깊은 영향을 미쳤다. 수학, 물리학, 천문학에 관한 연구와 더불어, 그는 실용적인 공학에도 관여하여 여러 유용한 발명품들을 개발했다.

아르키메데스는 그저 세계를 이해하는 것만이 아니라 그것을 변화시키는 데에 지식과 지적 능력을 사용했다. 그가 만든 장치들은 그것들이 없었다면 불가능했을 일들을 달성하게 했다. 그가 개발한 나선식 펌프는 실린더 안에서 회전하는 나선형 바퀴로 물을 낮은 데서 높은 곳으로 끌어올리는 장치이다. 원래는 배에서 물을 뿝아내기 위한 것이었으나, 관개용수를 대는 데 적용되었다.

그의 가장 유명한 발견은 '아르키메데스의 원리' 라는 것이었다. 히에론(Hieron) 왕의 황금 월계수 왕관이 은이 섞여 있는지를 알아내라는 임무를 받고, 전해지는 바에 의하면, 아르키메데스는 자신의 욕조에서 물체는 그것의 부피에 해당하는 액체를 밀어낸다는 것을 알아냈다. 왕관의 부피를 확인하면 그것의 무게로부터 그것의 밀도, 따라서 그것의 순도를 계산할 수 있다. 이것을 알아내고 아르키메데스는 벌거벗은 채로 달려나와서 '유레카!' — 알았다! — 라고 외쳤다는 이야기가 있다.

그는 가까운 거리에 있는 무거운 물건이 먼 거리에 있는 가벼운 물건과 균형을 이룰 수 있음을 깨닫고 지렛대의 원리를 확립하여 배를 옮기는 장치를 만들어냈다. 전하는 바에 의하면, 그는 '내게 충분히 긴 지렛대와 받침점만 주면 나는 지구를 옮길 것이다'라고 말했다. 이와 유사하게 그는 무거운 물건들을 들어 올리는 도르래 장치를 개발했다. 그는 모형 천문관을 비롯하여 훨씬 더 많은 발명품들을 만들었다고 믿어진다.

아르키메데스는 이런 활동들을 떳떳지 않다고 여겼다. 그는 수학이 '생활의 평범한 필요들을 넘어선' 순수한 사색이라고 생각했다. 그는 면적과 부피를 계산하기 위하여 '무한소'을 이용하는 실진법(method of exhaustion)으로 적분학의 바탕을 마련했다. 원의 반지름의 제곱에 파이(π)를 곱하여 원의 면적을 계산하면서, 그는 아직도 근사치로 사용되고 있는 파이(π)의 값을 계산해냈다. 그는 제곱근들을 계산해냈고, 심지어 우주에 대한 태양중심설을 이용하여 우주에 있는 모래알들의 수를 어림잡았다. 그는 자신의 가장 훌륭한 성취는 원기둥에 둘러싸인 구체(球體)의 면적과 부피는 각각 그 원기둥의 면적과 부피의 3분의 2라는 것을 계산해낸 것이라고 생각했다.

결국에는 실패했지만 로마군의 포위공격에 대항한 시라쿠사의 방어전에서 그는 전쟁 기계들을 개발했다. 그러나 어떤 문제를 푸느라 너무 바쁘다는 핑계로 점령군 대장 마르켈루스(Marcellus)를 만나기를 거절하자 로마군 병사가 그를 죽여버렸다. 아르키메데스는 아랍의 수학자들과 르네상스와 갈릴레오에게까지 영향을 미쳤으며, **지렛대가 아니라 자신의 아이디어로 지구를 들어 올렸다.**

20. 세네카 Seneca
기원전 대략 4년 - 기원후 65년

어떤 이들의 이야기에 따르면, 세네카는 그의 철학에 비하여 그다지 존경할만한 사람은 아니었다. 고대 로마의 스토아철학자로서, 그는 자제와 적절한 욕구를 가진 소박한 생활의 덕을 가르쳤던 반면에, 그 자신은 다소 다른 방식으로 살았다. 로마제국에 속하는 현재의 스페인 지역의 부유하고 인맥이 넓은 부모 아래서 태어난 그는 로마로 가서 작가이자 철학자이자 정치가로 명성을 얻었다. 그의 명성을 낳은 많은 작품들을 저술했던 시기는 황제의 여동생과 간통했다는 혐의로 칼리굴라(Caligula) 황제가 그를 코르시카 섬으로 추방했던 7년 동안이다. 그는 희곡·수필·편지 등을 썼으며, 그 가운데서 중요한 것은 《위로문》과 《루킬리우스에게 보내는 도덕적 서한》이다.

세네카는 자신이 지지했던 스토아철학에 대한 체계적 이론을 설명하기보다는 위안과 위로를 주는 편지와 사람이 어떻게 처신해야 하는가에 대한 조언을 저술했다. 그래서 그의 철학은 매우 실천적인 철학으로서, 일상생활에서 어떻게 덕을 성취할 수 있는가에 대한 교훈들을 제시했다. 그의 편지들은 적절한 행동에 대한 통찰들로 가득하다.

클라우디우스(Claudius: 기원전 10년 - 기원후 54년) 황제 때에 유배로부터 돌아와 황제의 의붓아들인 네로의 개인교사가 된 세네카는 네로가 황위(皇位)에 오르자 황제의 고문이 되었다. 그는 네로의 치세가 전도유망했던 초창기에는 칭찬을 받았으며, 그 과정에서 부자가 되었다고 전해진다.

자제(自制)의 중요성이 그의 철학의 중심이다. 그는 '**자기 자신의 주인이 아닌 사람은 위대하지도 강하지도 않다**'고 적었다. 사람들은 매일 자신들의 욕망을 조절하는 훈련을 쌓아야 한다.[+] '우리는 매일 밤 스스로에게 물어야 한다. 오늘 나는 어떤 약점을 이겨냈는가? 어떤 정념에 맞섰는가? 어떤 유혹을 견뎌냈는가? 어떤 덕을 성취했는가?' 또한 사람들은 기회가 있을 때마다 다른 사람들에게 친절을 베풀려고 노력해야 한다.

사람들은 고통을 받아들여야 한다. 왜냐하면 그것은 사람들을 향상시키기 때문이다. 그는 '**불은 금(金)을 시험하고, 역경은 강한 남자를 시험한다**'고 적었다. 무엇보다도 사람들은 죽음 자체는 죽음에 대한 두려움처럼 무서운 것이 아니라는 사실을 받아들여야 한다. 세네카는 진정한 스토아철학자라면 감정이 아니라 합리적인 대답에 따라서 살려고 노력할 것이라고 말했다. 두려움, 슬픔과 마찬가지로, 특히 분노를 피해야 한다. 그는 그런 감정들에 사로잡히는 것은 실제로 노예가 되는 것에 비유했다. 대신에 사람은 운명에 대한 자신의 반응을 조절하고 용기로 불행을 견뎌내는 법을 배워야 한다. 그는 어떻게 이성이 슬픔을 이겨내는 데 도움이 될 수 있는지를 보여줌으로써 역경에 처한 사람들을 위로했다.

세네카는 자기 자신의 죽음을 아주 용감하게 받아들였다. 이제는 타락한 네로에 대항하는 음모에 연루되어 자살을 명령받자, 그는 자신의 정맥을 끊고 독약을 마시고 마지막에는 뜨거운 욕실에 뛰어들어 증기 속에서 질식사했다.

✝ 역자주: 세네카는 수많은 명언을 남겼다. 그중에서도 욕망의 자제와 관련된 세네카의 명언에는 다음과 같은 것들이 있다. "가난하다는 말은 너무 적게 가진 사람을 두고 하는 말이 아니라, 더 많은 것을 바라는 사람을 두고 하는 말이다." "육체의 노예가 되는 사람이 어찌 자유를 누릴 수 있을까?" "노동은 인간의 보배다. 노동은 기쁨의 아버지다. 노동은 행복의 법칙이다. 노동은 모든 것을 정복한다. 노동은 신체를 굳세게 하고, 가난은 정신을 굳세게 한다. 자기 자식에게 육체적 노동의 고귀함을 가르치지 않는 것은 그에게 약탈 강도를 준비시키는 것과 다름없다. 노동은 우리로 하여금 권태, 악덕, 욕심에서 멀어지게 한다."

21. 에픽테토스 Epictetus
55년 – 135년

몇몇 다른 스토아철학자들처럼, 에픽테토스는 소수의 사람들만 도달할 수 있는 수준의 자제심을 익히고 가르친 사람으로 현대인들의 눈에는 매력적이고 존경할만한 인물로 보일 것이다. 히에라폴리스에서 노예로 태어난 그는 로마로 데려가져서 스토아철학자인 무소니우스 루푸스(Musonius Rufus) 아래에서 공부했다. 그는 절름발이였는데 아마 그의 주인에 의하여 다리가 부러졌을 것이라고 추측된다.[+] 그는 자유를 얻기는 했지만 도미티아누스(Domitianus) 황제에 의하여 다른 철학자들과 함께 추방당했다. 그는 그리스의 니코폴리스(Nicopolis)에 정착하여 철학을 가르치기도 했고 많은 사람들의 인정과 환호를 받았다.

그의 두 작품들 중 어느 하나도 그 자신이 저술한 것이 아니라 그의 말을 받아 적은 제자이자 역사가인 아리아누스(Arrianus: 86년-160년)가 저술하였다. 《담론》은 철학자의 삶을 위한 지침을 제공하는 것으로서, 침착함, 우정, 그리고 질병을 다루는 방법과 같은 주제들을 다룬다. 《입문》은 생생한 일화들을 바탕으로 기본적인 스토아철학의 주제들을 요약하고 있다.

에픽테토스는 철학의 목적이 우리로 하여금 더 나은 삶을 살 수 있게, 즉 행복을 성취할 수 있게 해주는 것이라고 가르쳤다. 그것은 자성(自省)에서 시작한다. 우리는 스스로 통제할 수 있는 것과 그럴 수 없는 것을 구분해야 한다. 성품과 판단은 우리의 능력 안에 있지만, 건강과 부와 명성이라는 목표는 우리의 통제를 넘어선 것이다.

에픽테토스는 행복의 길은 우리의 욕망을 우리가 통제할 수 있는 영역에 국한시키고, 우리가 통제할 수 없는 욕망은 묵묵히 따르도록 스스로를 길들이는 것이라고 말한다. 부와 쾌락은 그 자체로 좋은 것일 수 없다. 왜냐하면 그것들은 그것들을 경험하는 모든 사람에게 이익이 되지 않기 때문이다. 그것들은 오직 수단적인 도움을 줄 수 있을 뿐이다. 그러나 이성적인 삶을 사는 것과 본성에 따라서 유덕하게 사는 것은 항상 좋은 것이다.

사람은 정념으로부터 해방과 침착함을 배울 수 있다. 또 사람은 자신을 운명과 환경이 가져오는 것을 견뎌내게 만들 수 있다. 이런 능력은 오직 자기 수양과 지식을 통해서만 얻어질 수 있다. 에픽테토스는 '우리는 우연한 사건들에 의해서가 아니라 우리가 그 사건들에 대하여 취하는 시각에 의해서 방해를 받는다'고 말한다. '아타락시아'(ataraxia)라는 말은 이렇게 무관심한 차분함이라는 목표를 나타낸다.

에픽테토스는 인류가 한 형제이며, 덕에 따르는 삶에는 사회적 책임과 타인에 대한 의무를 수용하는 것이 포함된다고 생각했다. 그의 방문객들 중에는 [로마제국의 제14대 황제였던] 하드리아누스(Hadrianus: 76년~138년)도 있었지만, 그는 부자와 유명인만이 아니라 일반인들도 가르쳤다.

에픽테토스의 스토아철학은 불행을 수동적으로 받아들이라는 것이 아니라, 사람이 자신의 성품을 닦으면 수양이 모자란 사람한테는 불행을 가져올 환경을 무심(無心)하게 대할 수 있다는 확신이다. 그는 수수하고 소박한 삶으로 자제를 실천했다. 그는 결혼을 하지 않았지만, 말년에는 내버려뒀더라면 죽었을지도 모를 친구의 자식을 입양하여 길렀다.

✝ **역자주**: 그의 주인인 에파프로디토스가 그의 다리를 부러뜨렸다는 주장도 있지만, 6세기 전반의 신플라톤 철학자인 킬리키아의 심플리키우스의 주장에 따르면, 에픽테토스는 어린 시절부터 절름발이였다고 한다.

22. 프톨레마이오스 Ptolemy
대략 85년 – 대략 165년

클라우디우스 프톨레마이오스는 주로 천동설(Ptolemaic System)이라고 하는 우주의 모델로 알려져 있다. 이에 따르면, 지구가 중심에 고정되어 있고 이를 중심으로 하는 천체 안에서 태양과 달, 행성과 별들이 지구 주위를 돌고 있다.

그는 그리스 태생이지만 로마의 속주였던 이집트에서 살았다. 그는 음악과 광학(光學)에 관한 글도 썼으며 성공한 수학자였지만, 그의 명성은 천문학, 지리학, 점성학에 관한 세 개의 주요 논문에 있다.

프톨레마이오스의 가장 유명한 저서는 우리에겐 아랍어 제목인《알마게스트》로 알려져 있는《천문학 집대성》이며 150년경에 완성되었다. 이 저서에서 프톨레마이오스는 자신의 우주 모델에 대한 수학적 계산에 착수하여, 육안으로 행성의 위치를 정확히 계산할 수 있는 표를 제공했다. 아랍 학자들에 의하여 보존된 이 저서는 1,400여 년 동안 실용적인 교재로 사용되었다. 그것은 천문학자 히파르코스(Hipparchus)와 그의 후계자들이 도출한 관찰 데이터와 일치하는 매우 정교한 수학적 모델이다. 그것은 이심원(離心圓)과 주전원(周轉圓)을 사용하며, 상당히 정확한 예언을 제공할 수 있는 새로운 방정식들과 정리(定理)들을 짜 넣었다. 케플러의 법칙이 더해지기 전까진 초기의 코페르니쿠스의 태양중심설은 프톨레마이오스의 이론보다 정확하지 못한 예측을 내놨으며, 코페르니쿠스의 이론이 선호된 것은 그것의 정확성보다는 단순성 때문이었다.

《알마게스트》는 또한 1,000여 개의 별들에 대한 목록과 48개의 별자리들에 대한 기록을 담고 있다. 프톨레마이오스는 태양이 운행하는 원은 지구의 반지름의 1,210배 떨어져 있는 데 비하여, 별들이 운행하는 원은 지구의 반지름의 20,000배나 떨어져 있다고 계산했다. 동심(同心)의 천체 안에 자리 잡은 정지된 지구의 모형은 지구가 신의 창조의 핵심이라는 교회의 시각과 일치했다.

프톨레마이오스는 또한 알려진 세계에 대한 지도를 마련했는데, 이 지도의 모눈에는 장소들의 좌표들이 표시되어 있다. 그는 지구가 둥글다는 것을 알고 있었고, 자신이 지구의 절반도 모른다는 사실을 인식하고 있었다. 불충분한 데이터에 기초한 계산상의 오류들은 그의 지도를 왜곡했고, 그는 아시아가 실제보다 훨씬 더 멀리 동쪽으로 뻗어 있는 것처럼 그렸다 — 일부 사람들은 이것이 콜럼버스가 서쪽으로 행로를 정하도록 영향을 미쳤다고 생각한다.

그의 다른 저서들과 마찬가지로, 점성학에 관한 (네 권으로 이루어진) 그의 저서 《테트라비블리오스》는 이전 저술가들의 연구를 보다 체계적인 형태로 그러모은 것이었다. 그는 점성술이 부정확하다는 것을 알면서도, 그것을 하나의 경험과학, 별점에 사용된 데이터의 모음이라고 생각했다.

프톨레마이오스의 중요성은 부분적으로 여러 세기 동안 그의 저서가 천체와 지구에 대한 정확한 묘사로 받아들여졌다는 사실에 있다. 르네상스와 더불어 비로소 학자들은 대담하게 그의 생각들에 도전하고 밀어냈다.

23. 마르쿠스 아우렐리우스 Marcus Aurelius
121년 - 180년

역사가 에드워드 기번은 사람들이 가장 행복하고 번영했던 시기는 다섯 명의 스토아학파 로마 황제들이 다스리던 시기였다고 말했다. 이 다섯 명의 황제는 — 네르바, 트라이아누스, 하드리아누스, 안토니누스 피우스, 마르쿠스 아우렐리우스 — 개인적 금욕과 인내를 공적인 의무에 대한 헌신과 결합시켰다. 이들 중 마지막인 마르쿠스 아우렐리우스는 제국의 업무를 돌보면서 자신의 생각들을 일지에 적었는데, 대부분은 군대 막사에서 적은 것이었다. 그의 《명상록》은 그가 죽고도 한참 후에 출판되었으며, 그것은 실제로 스토아철학의 정통적인 설명으로 간주된다.

마르쿠스 아우렐리우스는 어린 나이에 스토아철학을 접했다. 17세에 안토니누스 피우스 황제의 양자가 되어 후계자로 지명되었을 때, 그는 이미 그 시대의 위대한 학자들에게 교육을 받았다. 빌려 읽은 에픽테토스의 《담론》은 아우렐리우스 자신의 신념의 중요한 토대가 되었다. 스토아철학은 원래 제논이 학생들을 가르쳤던 스토아 포이킬레(Stoa Poikile, 채색된 주랑)에서 그 명칭이 유래하며, 우주가 곧 신이고 인간은 그 부분이라는 범신론(汎神論)을 주장했다.

인생의 목적은 우주와 조화를 이루며 살아가는 것으로서, 덧없는 세속적 쾌락으로부터 떠나 이성에 충실한 마음에 이르는 내적인 고요함을 찾는 것이다. 마르쿠스 아우렐리우스의 《명상록》은 그가 자기 향상을 위하여 써내려간 메모들이다. 그의 목적은 계속적인 정신적 훈련을 통하여 자신을 보다 나은 사람으로 만드는 것이었다. 사람은 그가 무엇인가가 아니라 그가 어떻게 행동하는가가 중요한 것이다. 그래서 그는 매일 보다 나은 행동을 위하여 스스로를 단련하려고 노력했다. 그는 '궁전에서라도 인생을 바르게 살 수 있다'고 적었다.

그는 자신이 자기 가족을 포함한 타인들에게 배운 자질들을 열거한다. 그 목록에는 냉정, 금욕, 검소, 확고한 의지, 자제와 같은 덕들이 포함된다. 로마 국경들이 무너지면서 로마제국의 지배에 의한 평화가 해체되고 있었기에, 의무와 자기 수양, 그리고 인내를 가르치는 철학이 그 시대에 적합했을 것이다.

그것은 또한 거대하고 다채로운 제국에 알맞은 철학이었다. 그것은 각 개인이 신성한 우주의 부분이므로 다른 모든 사람들과 연결되어 있다고 가르쳤다. 아우렐리우스는 '하나의 영혼이 각개의 천지만물들 속으로 분배되었다'고 적었다.

아우렐리우스는 섭리에 순응하고 자신이 어쩔 수 없는 것에 마음을 두지 않음으로써 내적인 자유를 추구했다. 그는 죽음을 두려워하지 않았다. 비록 그는 개인이 불멸한다고 믿지 않았지만, **나의 모든 부분이 분해되어 우주의 일부가 되리라**'고 생각했기 때문이다.+

+ 역자주: 이러한 생각과 관련된 부분을 좀 더 길게 인용하면, "죽는다고 해서 이 세상에서 완전히 없어져 버리는 것은 아니다. 죽은 뒤에도 본질은 여전히 남아 있다. 그것은 다만 변화하여 이 우주의 구성원소이면서 나 자신을 구성하는 원소이기도 한 본래의 원소로 분해될 뿐이다. 이와 같이 분해된 원소는 또 다른 원소로 변신하지만 그들은 결코 변화를 불평하지 않는다."

24. 섹스투스 엠피리쿠스 Sextus Empiricus
160년 - 210년

그의 이름에도 불구하고, 섹스투스 엠피리쿠스는 경험주의자라기보다 회의주의자였다.[+] 로마제국에 속한 그리스의 철학자로서, 섹스투스는 2세기에 알렉산드리아와 아테네에서 활약했다. 그는 의사가 되는 수련을 받았으나, 회의주의자의 입장을 옹호하는 논변을 정리한 선집으로 기억되며, 그것들 중 상당부분이 아직도 전해진다.

그가 저술한 세 권짜리 선집인 《피론 학설의 개요》는 약 500년 전에 엘리스의 피론(Pyrrhon)이 취한 입장을 옹호하는 논변들에 관한 책이다. 섹스투스는 피론의 입장을 따라 **참이나 거짓에 대한 확실한 지식은 없으며 옹호할 수 있는 유일한 입장은 판단을 중지하는 것**이라고 주장한다.

섹스투스는 또한 다양한 학문분야에서 취하는 입장들에 반론을 제기하는 일련의 책들을 저술했다. 이 선집은 《수학자들에 대한 반박》이라 불리는데, 처음 여섯 권은 보통 《학자들에 대한 반박》이라고 알려져 있다. 그는 문법, 수사학, 기하학, 수학, 점성학, 음악을 표적으로 삼았으며, 논리학자, 물리학자, 윤리학자를 반박하는 다섯 권의 책이 더 있다. 그는 확실히 논쟁을 피하지 않았다.

섹스투스는 세 가지 서로 다른 유형의 철학이 있다고 인식한다. 자신이 진리를 안다고 생각하는 독단론자들, 그리고 진리는 결코 알 수 없다고 생각하는 학구적 회의주자들이 있다. 다음으로 열린 마음을 가지고 아직 진리가 발견되었다고 생각하지는 않지만 진리가 발견될 수도 있다고 인정할 각오를 지닌 회의주의자들이 있다.

섹스투스는 제안된 각각의 진리에 대하여 그것과 동등한 설득력을 가지며 그것에 반대되고 양립할 수 없는 진리가 있으며, 이렇게 경쟁하는 주장들에 대하는 유일하게 정당한 반응은 초연한 회의주의라고 말했다. 더 나아가 각각의 진리 주장은 일정한 등급의 진리에 의존해야 하는데, 후자의 진리는 다시 더 높은 등급의 진리에 의존해야 하고, 그리하여 무한소급(infinite regress)으로 이어진다.

사람과 동물은 사물들을 서로 다르게 지각하고 사람들 사이에서도 지각은 서로 다르다는 점에서, 우리의 감각이 주는 증거는 주관적이다. 지각은 서로 다른 시간과 장소에 따라서도 변하며 색깔과 온도에 따라서도 변한다. 지각은 어떤 외적인 실재와도 관계될 수 없다. 이는 현상과 지각이 존재하지 않는다는 말이 아니라, 그것들의 진정한 본질이 무엇일지에 대한 판단을 보류해야 한다는 말이다. 예를 들어, 꿀은 달다고 일컬어지지만, 달다는 성질은 꿀 속에 있는 것이 아니라 꿀에 대한 우리의 지각 속에 있는 것이다.

섹스투스에게, 진리는 알 수 없는 것이라는 깨달음과 진리에 대한 판단을 보류함으로써 회의주의는 마음의 평화('아타락시아')를 가져다주었다. 무엇이 객관적으로 좋은지 알지 못하므로, 회의주의자는 그것이 없다고 불안을 느끼지 않는다. 그는 윤리뿐만 아니라 물질의 실재 그리고 시간과 공간에 대해서조차 판단을 유보한다.

+ 역자주: 그의 이름 'empiricus'는 '경험적'이라는 뜻의 라틴어이다. '경험주의'를 뜻

하는 영어 낱말 'empiricism'과 '경험'을 뜻하는 프랑스어 낱말 'empirique'는 물론 이 라틴어 낱말에서 나왔다. 그리고 섹스투스의 철학은 분명 경험주의적 요소를 갖고 있었다.

25. 플로티노스 Plotinus
대략 205년 - 270년

플로티노스는 신플라톤주의(Neoplatonism)라고 불리는 철학을 창시했는데, 이 철학은 고대 로마 세계에서는 기독교에 견줄 만큼 충분히 매력적이라고 간주되었다. 이집트에서 태어난 플로티노스는 로마에서 철학 교사가 되었으며, 황제들의 존경을 받는 유명인사의 지위를 얻었다. 그의 사상은 그의 저서 《엔네아데스》를 통하여 알 수 있는데, 그의 제자인 포피리(Porphyry)가 그의 기록들을 9편씩 6권으로 편집하여 그의 사후에 출판하였다.

플로티노스는 금욕적인 삶을 살았다. 이에 대하여 포피리는 **'그는 자기가 육체를 가지고 있다는 사실을 부끄러워한 듯하다'**고 말했다. 사색적인 삶을 강조하고 플라톤철학에 신비주의를 더했음에도 불구하고, 플로티노스는 명백히 실천적인 사람이었고 죽은 친구들이 남긴 자녀들의 후견인으로 지명되었다.

플로티노스의 신성한 우주론은 우주를 실재들의 연속으로 간주한다. 각각의 실재는 그것보다 위에 있는 실재로부터 유출되며 그것보다 아래에 있는 실재에 존재를 부여한다. 가장 꼭대기에는 완벽한 전체인 '일자'(一者, the One)가 있고, 일자는 그것의 통일성을 훼손하는 속성이나 부분을 가지지 않는다. 그것은 심지어 자의식을 가지지도 않는다. 왜냐하면 그것이 자의식을 가짐은 자아(自我)와 의식(意識)이라는 이원성을 요구하기 때문이다. 그것은 단순히 최고선으로서, 플라톤의 '선(善)'의

이데아에 대응한다.

빛이 태양으로부터 나오듯이, 일자 아래에는 일자로부터의 발산 혹은 유출*로 창조된 '지성'(혹은 '정신')의 세계가 있다. 그것은 하나의 정신에서 품은 관념들의 세계이며, 플라톤이 사물들의 '절대적 형상'이라고 부른 것들의 영역에 해당한다.

다음으로 '영혼'의 세계가 나오며, 이는 더 높은 지성의 세계로부터 유출되어 창조된다. 영혼은 사물들을 연속적으로 명상하며 그리하여 시간과 공간을 창조한다. 그러나 영혼 자체는 영원하다. 그것은 이제 개별 영혼들과 더불어 '자연'의 세계를 낳는다. 자연의 세계는 보다 열등하다. 왜냐하면 그것은 일자로부터 더 멀리 떨어져 있기 때문이다.

마지막으로 가장 낮은 단계에는 물질적 세계가 있다. 각각의 사람은 물질, 자연, 영혼, 지성이라는 요소들을 가지고 있으며, 플로티노스는 각각의 사람이 사색과 자기 수양을 거쳐 여러 가지 단계에 도달할 수 있다고 말한다. 지극한 지적 노력으로 순식간에 일자의 단계에 도달하여 여기서 무상(無上)의 통일성과 자족성의 황홀경을 경험하는 것도 가능하다. 플로티노스는 자기 생애에 이런 황홀경을 네 번이나 경험했다고 말했다.

기독교와의 유사성은 뚜렷하다. 그의 일부 추종자들은 자신의 부를 가난한 사람들에게 나눠주고 사색적인 삶을 살면서, 이런 세계들의 계단을 올라가기 위하여 자신들의 마음을 정화시키려고 노력했다. 그리고 행복은 물질적인 세계가 아니라 내적인 사색에서 나온다는 플로티노스의 주장은 성 아우구스티누스와 초기 기독교 교리에 영향을 미쳤다.

＋ 역자주: 플로티노스철학의 이해에서 가장 중요한 개념이 ‘유출’(流出)이다. 플로티노스는 신이 일자라면 그는 창조할 수 없다고 이야기하였다. 왜냐하면 창조 역시 하나의 행위이며, 활동은 변화를 내포하기 때문이다. 그러면 어떻게 세계의 수많은 다양한 사물들을 설명할 수 있는가? 플로티노스는 신은 유일하다는 견해를 유지하면서도 사물들은 창조의 자유행위가 아닌 필연으로 신에게서 비롯된다는 견해를 제시하였다. 여기서 ‘필연’이 의미하는 바를 설명하기 위하여 플로티노스는 여러 가지 비유를 사용했으나, 특히 유출의 비유가 유명하다. 빛이 태양에서 방출되듯이, 물이 다른 어떠한 원천도 없는 샘에서 솟아 나오듯이 사물들은 신으로부터 흘러나온다는 것이다. 태양은 결코 고갈되지 않으며 어떠한 행위도 하지 않고 그대로 있다. 그것은 본질 자체이기 때문에 필연적으로 빛을 방출한다는 것이다. 이런 의미에서 신은 만물의 원천이며, 만물은 신을 현현(顯現)한다고 하였다.

26. 성 아우구스티누스 Saint Augustine of Hippo
354년 – 430년

히포(Hippo)의 주교였던 성(聖) 아우구스티누스는 서로마제국의 쇠퇴기에 기독교의 흐름에 중대한 영향을 미친 인물이다. 그의 사상은 고대 그리스와 로마의 학문과 중세 기독교 사상의 교량 역할을 한다. 뒤늦게 천주교로 개종한 그는 로마제국이 지배했던 아프리카 지역의 주교로 임명되어 100여 권의 책을 출판했는데, 이것은 기독교교회와 그것을 둘러싼 세계와의 관계, 그리고 원죄에 대한 교회의 최종적인 입장이 되었다.

그는 무상하고 불완전한 물질적 사물들의 세계를 지성에 의해서만 접근할 수 있는 영원하고 완전한 세계를 분리한 플라톤의 입장을 취하여, 그것을 기독교 신학에 적용했다. 그의 책《신의 도시》(413년)는 어떻게 신의 도시가 인간의 도시와 공존하는지를 기술하고 있다. 감각의 세계는 신의 영원한 세계의 더 거대한 실재와 대조를 이룬다. 이 땅 위의 신의 도시는 교회이다. 더 구체적으로 말해서 영원한 삶을 허락받은 선민(選民)들의 모임이다. 세례를 받지 않은 유아들을 비롯하여 다른 모든 사람들은 영원히 격렬한 고통을 당한다. **인간의 도시는 멸망할 것이고, 오직 신의 도시만이 남을 것이다.**

교회가 정치적 국가와 공존하면서도 분리되어 있다는 생각은 종교적 문제에 있어서는 교회가 지배권을 획득하게 되는, 중세 유럽의 교회-국가 관계에 관한 미래상을 설정했다. 야만인들이 서로마제국을 침범하여 약탈하면서 정치적 세계는 혼돈에 빠져들고 있었지만, 아우구스티누스의 사상은 사람들이 속세의 고통을 견뎌내고 받아들이면서 영생을 약속하는 영적인 문제에 집중할 수단을 제공했다.

아우구스티누스는 원죄에 대하여 비관적인 견해를 취했다.[+] 그는 원죄 때문에 모든 사람은 지옥에서 불타야 마땅하고 오직 소수의 사람만이 신의 은총으로 구원받도록 선택된다고 생각했다. 그런 선민에 들기 위하여 사람들이 할 수 있는 일은 아무것도 없다. 그것이 신의 선택이며 이미 결정되어 있다. 이는 자유의지와 양립한다. 왜냐하면 줄곧 현존하는 신은 사람들이 자유롭게 무엇을 선택할지를 알고 있기 때문이다. 이후 이런 생각들 중 일부는 종교개혁 시기에 칼뱅주의에서 나타났다.

그의 책《고백》(397년)은 아직도 널리 읽히고 있다. 이 책에서 아우구스티누스는 일생에 걸친 자신의 생각들의 발전을 기술하고 있다. 그는 특히 색욕(色慾)을 비난하면서, 이전에는 이 문제에 관해서 자신이 부족했음을 시인한다. 색욕이 특히 나쁜 이유는 음탕한 정념에 속박된 상태에서의 인간은 자제력을 상실하기 때문이다. 그 자신은 개종을 하면서 자신의 오랜 배우자와 약혼자를 버리고 독신의 종교적 삶을 살았다. 그러나 그의 젊은 시절의 기도가 오늘날에도 인용되고 있다: '나에게 순결과 금욕을 허락하여 주소서, 하지만 아직은 아닙니다.'

+ 역자주: 아우구스티누스는 영혼유전설에 따라 아담과 이브가 지은 원죄가 후세에 전달된다고 주장하였으며, 처음에는 신이 오직 세례를 받은 사람들만을 용서해주신다고 생각했다. 그러나 그는 《신의 도시》에서는 세례를 받지 않은 사람이라도 예수에게 참회하고 죽으면, 이러한 참회가 세례를 통한 원죄의 용서와 동일한 효과를 가진다고 말했다.

성 안셀무스는 르네상스 이전까지 중세인의 사고를 지배했던 철학인 스콜라철학의 아버지로 간주된다. 안셀무스는 이성과 신앙을 조화시키려고 했다. 그는 **이성이 신앙의 대용물은 아니지만, 사람들이 먼저 신앙을 통하여 받아들인 것을 이해할 수 있게 해준다고** 주장했다.

부르고뉴에서 태어난 안셀무스는 노르만 정복 이후에 캔터베리의 대주교가 되었다. 사실상 그의 전임자와 충돌을 겪은 국왕이 그를 그 자리에 앉혔다. 하지만 안셀무스도 얌전한 협조자는 아니었다. 그는 재직기간 내내 교황의 권위에 관하여 국왕과 말다툼을 했다. 그러나 안셀무스의 명성을 확립한 것은 그의 신학적 철학적 저술들이다.

그는 신의 존재에 대하여 조심스럽고 용의주도한 증명을 제시했다. 자신의 책《모놀로기온》,《프로슬로기온》,《진리론》에서, 그는 전능한 존재가 존재한다는 결론으로 이끄는 연쇄적인 추론을 시작한다. 하지만 그는 '우선 믿지 않으면 이해하지 못할 것이다'라고 경고한다.

그의 첫 번째 증명은 다음과 같다. 만일 우리가 사물들을 좋은 것 혹은 위대한 것 혹은 옳은 것이라고 말하려면 그런 것들을 평가할 수 있는 어떤 기준이 있어야 한다. 우리가 그런 용어들을 이해한다는 것은 최고로 좋은 혹은 위대한 혹은 옳은 어떤 것이 존재한다는 것을 함축한다. 이어떤 것을 통하여 다른 것들이 이런 성질을 갖게 된다.

더 나아가 안셀무스는 **사물들은 그것들을 존재하게 만든 무언가가 없다**

면 **존재하지 않는다**고 말한다. 왜냐하면 무(無)로부터는 아무것도 존재할 수 없기 때문이다. 어떤 것은 그 자체를 통하여 존재하며, 따라서 '모든 존재하는 것들 가운데 가장 위대하고 최상의 것'이다.

그의 증명들 가운데 가장 주목받은 것은 칸트가 '존재론적' 증명이라고 부른 것이다. 이 증명에서 안셀무스는 우리가 '그 이상 더 위대한 것을 생각할 수 없는 것'에 대하여 생각할 수 있는가를 묻는다. 이것은 실재하는 것이어야 한다. 만약 그렇지 않으면 — 역시 실존하는 — 더 위대한 어떤 것에 대하여 생각하는 것이 가능할 것이다.

안셀무스는 신의 존재에 대한 추론으로부터 더 나아가 — 전지전능을 비롯하여 — 기독교가 신에게 부여한 속성들을 끌어냈다. 그리고 그는 자유의지, 구원, 삼위일체, 그리고 성육신의 필연성을 설명했다.

안셀무스와 동시대 사람인 가우닐로(Gaunilo) 수사는 이런 유형의 추론에 의혹을 제기한 첫 인물로서, 어떻게 마음속의 관념이 실존의 세계에 이를 수 있는가 하고 물었다.⁺ 우리는 '그보다 더 큰 섬이 있다고 생각할 수 없는' 어떤 섬을 쉽게 상상할 수 있고, 그런 다음에는 그 섬이 실존하는 까닭에 그보다 더 큰 섬을 생각할 수 있을 것이라고 지적하면서, 그는 안셀무스의 존재론적 증명을 조롱했다.

이런 논란에도 불구하고, 안셀무스는 이성이 어떻게 신앙이 인도하는 곳으로 따를 수 있는가를 강조함으로써 기독교 신학에 유력하고 지속적인 기여를 했다.

⁺ 역자주: 안셀무스는 시편 14장 1절의 "우둔한 자는 다음과 같이 진심으로 말했나니 신

은 존재하지 않는다고"를 인용하며, 이 구절에서 "우둔한"이라는 낱말의 의미는 신의 존재를 부정하는 자는 곧 모순에 빠지게 된다는 뜻이라고 해석하였다. 왜냐하면 우둔한 자가 "우리가 그보다 더 위대한 것을 사유할 수 없는 존재"라는 말을 들었을 때, 그가 그 말을 이해한다면 그가 이해한 것은 그의 지성 안에 존재한다고 말할 수 있기 때문이다. 신의 존재를 부정하려는 것은 아니었으나 이런 안셀무스의 증명의 부당함을 밝히기 위하여 가우닐로는 "우둔한 자"를 변호하고 나섰다. 우선 그는 그 증명의 첫 부분이 이루어질 수 없다고 주장하였다. 그 증명에 의하면 지성 내에는 신의 관념이 존재해야 하며, 우둔한 자는 이 말을 듣자마자 그보다 더 위대한 것을 인식할 수 없는 존재의 개념을 가지게 된다. 그러나 가우닐로의 생각에 따르면, 우둔한 자는 그러한 존재의 개념을 형성할 수 없다. 왜냐하면 그가 경험하는 어떤 사물들 중에도 이런 개념을 형성할 수 있는 사물이 존재하지 않기 때문이다. 더구나 안셀무스는 신과 똑같은 실재는 존재하지 않는다고 주장했기 때문에, 그런 인식은 더더욱 일어날 수 없다는 것이다.

28. 로저 베이컨 Roger Bacon
1214년 - 1294년

베이컨은 과학적 방법을 옹호한 초창기 인물이다.[+] 고전(古典)을 읽고 연역추리를 사용하여 지식을 얻던 시기에, 베이컨은 실험의 탁월성을 강조했다. 그는 이렇게 말했다. '**추리는 결론을 끌어내지만, 마음이 그것을 경험을 통하여 발견하지 않는 한, 그 결론을 확인할 수 없다.**'

프란체스코 수도회 수사였던 그는 그런 자신의 생각이 수도회 당국의 분노를 사지 않도록 조심해야 했다. 그의 친구였던 풀크(Foulques) 추기경이 교황 클레멘트(Clement) 4세로 즉위하여 그에게 철학에 관한 저술을 의뢰하자, 그에게 좋은 기회가 찾아왔다. 이 의뢰에 응하여 그는 《대서》(大書, *Opus Majus*), 《소서》(小書, *Opus Minus*), 《제삼서》(第三書, *Opus Tertium*)를 저술했다. 그는 오늘날 그리스 원어로 접근할 수 있는 아리스토텔레스와 새로운 과학에 관한 책을 저술했다.

베이컨은 당시 지식의 중추였던 파리 대학에서 강의했고, 당시 최고의 지식인들과 안면을 익히고 그들에게서 영향을 받았다. 또한 그는 아랍 학자들, 특히 아랍 수학자와 과학자의 작품을 읽었다. 그의 저작은 수학뿐만 아니라 연금술, 천문학, 광학을 비롯한 다양한 범주의 주제를 다뤘다. 그는 안경과 망원경이 실제로 사용되기 전에 그것들에 관한 글을 썼다. 그는 거울에 대해서도 연구했으며, 빛나는 백광(白光)이 유리컵에 담긴 물을 투과할 때 만들어지는 스펙트럼을 밝혔다.

그는 화약 제조법을 기술했고, 화약은 무언가에 담겨 있을 경우에 대단한 위력으로 폭발한다는 것을 알아냈다. 그는 하늘을 나는 장치에 대해서 궁리했는데, 그중에는 기계로 만든 날개를 퍼덕거려 움직이는 것도 포함되어 있다. 그는 기계력(機械力)으로 배와 마차를 추진할 수 있는 방법에 대한 글을 썼다. 그는 천체의 위치를 계산하여 역법(曆法)의 개선을 주장했다. 자신의 실험실이 있었음에도, 그는 직접 실험들을 수행하기보다는 그것들을 말로 설명했다. 하지만 그는 경험적 연구의 탁월성을 역설했다.

그는 사람들을 진리로부터 멀어지게 만드는 네 가지 장애물을 밝혔다. 이 장애물은 '증거가 빈약하고 존중할 가치가 없는 권위, 오래된 관습, 무지한 대중의 감정, 얕은 지식을 과시하면서 자신의 무지를 숨기는 것'이다. 반면에 그는 실험과학이 세 가지 중대한 장점을 갖고 있다고 생각했다. 그것은 직접적인 실험에 의하여 결론을 검증한다. 그것은 새로운 진리를 발견한다. 그것은 자연의 비밀을 탐구하고 과거와 미래에 대한 지식을 열어준다.

베이컨의 사상 중 일부는 교회 및 프란체스코 수도회 당국에 좋지 않게 받아들여졌고, 그는 '이단'으로 고발되어 한동안 수감되기도 했다. 하지만 그는 상처 없이 살아남아 80세까지 살았다. 그의 사상은 훨씬 더 오랫동안 살아남아 있다.

✛ 역자주: 보통 철학사에서 '베이컨'(Bacon)이라고 하면, 여기 나온 로저 베이컨이 아니라 프란시스 베이컨(Francis Bacon: 1561년 – 1626년)을 가리킨다. 두 사람 모두 영국의 철학자이며 실험과 관찰을 강조했다는 공통점이 있다. '아는 것이 힘이다'라는 격언을

말한 사람은 프란시스 베이컨이다. 또한 인간이 참된 지식을 얻는 것을 방해하는 네 가지 우상, 즉 종족의 우상, 동굴의 우상, 시장의 우상, 극장의 우상이 있다고 말한 사람 역시 프란시스 베이컨이다. 그런데 내용은 좀 다르지만, 이렇게 네 가지 우상에 대하여 말한 것조차 로저 베이컨과 유사하다.

29. 토마스 아퀴나스 Thomas Aquinas
대략 1225년 - 1274년

토마스 아퀴나스는 기독교 사상의 중대한 교차점이 되는 시기에 살았다. 최초의 대학들이 설립되고 있었고, 아랍 사람들에게서 나온 아리스토텔레스의 작품들이 서양에서 널리 이용할 수 있게 되었다. 기독교는 신앙과 계시에서 지식을 끌어낸 반면에, 아리스토텔레스적인 접근법은 이성을 통하여 지식을 준다. 이런 괴리는 신학의 뿌리를 흔들 위험이 있었지만, 아퀴나스는 그 둘을 종합할 방법을 개발했다. 이것이 기독교철학의 기초가 되었다. 그래서 사람들은 그가 아리스토텔레스에게 '세례를 베풀었다'고 전한다.

소년일 때, 아퀴나스는 몬테카시노(Monte Cassino)에서 공부를 했다. 그런데 16세 때에 그가 도미니크회 수사가 되자, 그의 가족은 그가 탈출할 때까지 1년 동안 그를 탑에 가두었다. 뚱뚱한 체격 때문에 그는 '벙어리 황소'라고 불렸지만, '그의 울음소리는 세계를 가득 채울 것'이라고도 했다. 그의 저작들은 견책을 당했으나 나중에 복권되었고, 죽은 지 5년 후에 그는 성인품(聖人品)에 올랐다.

아퀴나스는 **신앙과 이성은 별개면서도 서로 보완하고 서로 모순되지 않는다고** 말했다. 이성은 신의 존재와 속성을 보여줄 수 있지만, 삼위일체와 성육신 같은 교리들은 계시를 통하여 나타난다. 물질적인 대상, 감각적인 지각, 지적인 앎에 관한 아리스토텔레스의 설명을 받아들이면서, 아퀴나스는 그것을 기독교적 목적에 적용하여 신의 존재에 대한 다섯 가지 증명을 개발했다.

1. 신은 원동자(first mover)로, 다른 존재들의 운동의 원인이다.
2. 신은 다른 모든 사물들이 존재하게 한 최초의 원인이다.
3. 신은 우연적인 사물들의 존재에 근거가 되는 우연적이지 않고 필연적인 존재이다.
4. 신은 가장 완전한 존재로, 덜 완전한 사물들의 완전함은 그로부터 나온다.
5. 신은 지적인 설계자로, 지적인 능력이 없는 사물들로 하여금 어떤 목적을 향해 활동하게 한다.

이성과 신앙을 함께 엮음으로써, 아퀴나스는 아리스토텔레스가 말한 소원(疏遠)하고 비인격적인 원동자를 인간들의 삶으로 들어와 한 사람 한 사람을 개별적으로 돌봐주시는 신(神)이라는 기독교적 개념으로 변형시킬 수 있었다. 그는 '그 어떤 진리를 알려고 하던 인간은 신의 도움을 필요로 하지만,' 신은 인간에게 이성을 주었고, 아리스토텔레스가 깨닫게 해준 바대로, 인간은 자신의 감각을 경유하여 지식을 얻기 위해 이성을 사용한다고 가르쳤다.

아퀴나스는 체계적 사상가였다. 그는 지혜·절제·정의·용기라는 네 주덕(主德)을 밝혔다. 또한 그는 믿음, 소망, 사랑이라는 세 가지 종교적 덕들을 열거했다. 그는 신의 신성(神性)을 다섯 가지 속성들로 기술한다. 신은 단순하다. 즉 부분들로 이루어지지 않았다. 신은 완전하고, 무한하고, 불변한다. 신은 하나다. 즉 나뉘지 않은 단일체이다.

('토미즘'이라고 일컬어지는) 아퀴나스의 철학과 신학은 그 이후로

교회의 사고를 지배했으며, 그에게는 '천사적 박사' (Dr. Angelicus)라는
별명이 주어졌다.

30. 윌리엄 오컴 William of Occam(Ockham)
대략 1287년 - 1347년

'오컴의 면도날'(Occam's Razor)이라고 불리는 격률로 유명한 윌리엄 오컴은 눈에 띄게 독창적인 14세기 사상가였다. 프란체스코 수도회 수사였던 그는 학위를 받진 못했지만 서품식(敍品式) 이후에는 옥스퍼드에서 공부를 했다. 그는 이미 자신의 독창적인 사고를 보여주었던 모양이다. 옥스퍼드 대학의 총장은 그를 이단이라고 고발했고, 그는 아비뇽으로 불려가 교황 요한 22세에게 답변을 해야 했다. 프란체스코회 수장도 예수의 추종자들은 재산을 포기하고 탁발로 살아야 한다는 선언과 관련하여 이단이라 고발당했고, 이에 대하여 답변하라는 소환을 받았다. 윌리엄 오컴은 자기 문제를 해결하기는커녕 오히려 자기 수도회 수장을 편들었고 교황 자신을 이단이라고 비난했다. 프란체스코 수도회의 수사들은 바이에른의 황제 루이 4세의 보호를 바라고 야반도주했다.

그의 위대한 작품 《논리 대전》(약 1323년)에서, 윌리엄 오컴은 전통적인 아리스토텔레스철학과 스콜라철학에 종지부를 찍었다. 그는 아리스토텔레스가 말한 자명한 원칙들을 부정하면서, 인간은 본유(本有) 관념들의 간섭을 받지 않고 '직관적 인식'을 통하여 대상을 직접적으로 지각한다는 견해를 취했다. 그는 오직 개별적인 사물들만이 존재한다고 가정하고, 현상들의 바탕에 어떤 '실재하는' 형상이나 본질이나 보편자가 있다는 견해를 부정했다. 반대로 그는 이런 것들이 단지 인간의 마음이 만들어낸 추상들이며, 여러 사물들을 한꺼번에 생각하는 방편에 불과하

다고 말했다. 이런 입장을 유명론(唯名論)이라고 부르는데, 그가 살던 시
대의 생각에 반하는 것이었다.[+]

　'오컴의 면도날'은 불필요하게 복잡한 설명을 버리라는 격률에 주어
진 명칭이다. 오컴은 이 격률을 만든 것은 아니었다. 그러나 그가 그 격
률을 설명하고 사용한 것은 그것과 그의 이름을 영원히 묶어놓게 된다.
이 격률은 설명에 있어서 '절약의 원리'를 나타내는데, 만약 가설적인
존재자들을 가정하지 않고도 [어떤 현상을] 설명할 수 있다면 그 존재자
들을 가정할 근거가 없다고 말한다. 오컴은 그것을 다음과 같이 표현했
다. **'자명하거나 [말 그대로 그 자체를 통하여 알려지거나] 혹은 경험에 의하
여 알려지거나 성서의 권위에 의하여 증명되지 않는 한, 그 어떤 것도 이유 없
이 가정되어서는 안 되기 때문이다.'**

　오컴은 [어떤 현상을] 실제로 설명하는 가장 단순한 설명을 취해야 한
다고 말한다. 그 이상의 가정들은 불필요하며 정당화되지 않는다. 비록
오컴은 그렇게 말한 적이 없지만, 이 원칙은 흔히 '존재자들이 필요 이상
으로 늘어나서는 안 된다'라고 요약된다. 오컴의 면도날은 경험법칙이
며, 어떤 것들이 틀렸다는 것을 증명하지는 않는다. 그 자신은 이 원칙을
어떤 것들을 논박하거나 부정하기보다는 판단을 유보하는 데에 이용했
다. 그것은 사람들로 하여금 자신들이 가정할 이유가 없는 것들을 가정
하지 못하게 한다.

　이 역시 물의를 일으켰지만, 오컴은 신앙과 이성 사이의 연결을 거부
하면서 신의 존재에 대한 증명들을 부정하고 신에 대한 믿음은 오직 신앙
에 의존해야 하며 이성과 논증에 의하여 뒷받침되지 않는다고 주장했다.

＋ **역자주**: 유명론은 명목론(名目論)이라고도 하는데, 실재론(實在論)과 대립한다. 이 입

장은 실재하는 것은 개체뿐이다. 예를 들어, 빨강이라고 하는 보편개념은 많은 빨간 것들

이 갖는 빨강이라는 공통성질에 대하여 주어진 말 혹은 기호로서, 빨간 것을 떠나서 빨강

자체가 실재하는 것은 아니다.

31. 프란체스코 페트라르카 Francesco Petrarch
1304년 - 1374년

프란체스코 페트라르카는 중세와 근대의 사고(思考)가 만나는 시점에서 중요한 인물이다. 그는 르네상스의 아버지 혹은 인문학의 아버지라고 불렸으며, 등산의 아버지라고도 불렸다. 이탈리아의 작가이자 시인이자 철학자인 그는 기원전 고대의 작가들을 되살려내어 그들의 사상을 당대의 세계관에 융합시켰다.

페트라르카는 당시의 유명인이었다. 그는 법학을 공부했지만 싫어했다. 그의 가장 유명한 작품들 중 《칸초니에레》와 《승리》는 이탈리아어로 지어졌고 이탈리아어에 신선한 기품을 불어넣었지만, 그는 라틴어로 시를 짓는 일을 더 좋아했다. 고대 로마의 장군 스키피오 아프리카누스(Scipio Africanus)에 대한 그의 서사시 《아프리카》는 페트라르카에게 명성을 가져다주었다. 1341년 그는 로마에서 열린 의식에서 계관시인(桂冠詩人)이 되었는데, 천 년 동안 그런 지위를 얻은 사람은 그가 처음이었다. 중요한 것은 그가 자신의 월계관을 성 베드로의 무덤 위에 놓았다는 사실이다. 이것은 고대 세계와 기독교 세계의 결합을 상징한다.

1336년 그는 방투 산을＋ 등정했다. 선조들과 달리 그는 쾌락을 목적으로 등산을 했으며 경치의 웅대함을 만끽했다. 그는 생생한 용어로 자신의 경험에 대하여 적었으며, 최초의 근대적인 등산가가 되었다. 중세의 태도는 삶을 영광스러운 내세를 준비하기 위한 비참한 시간으로 간주했다. 그러나 페트라르카는 **현세의 삶과 그 삶에서 얻은 경험을 존중하고**,

지능과 창조력은 신이 주신 것이니 마땅히 뽐내야 한다고 생각한다. 이런 생각들은 르네상스 시대와 그 시대의 가치들을 위한 무대를 마련했다.

1345년 그는 베로나(Verona)에서 그때까지도 알려지지 않았던 키케로의 편지들을 발견했고, 그때부터 그는 널리 여행을 다니면서 고대인들의 주목받지 못한 저술에 대한 조사를 시작했다. 그는 학문적 태만에 대하여 힐책하면서, '암흑 시대'(Dark Ages)라는 말을 만들어 중세 시대를 묘사했다. 그는 '내가 찾아낸 고대의 유명한 작가는 저마다 새로운 모욕과 또 다른 망신거리로 이전 세대들을 비난했다'고 적었다. 이런 발견은 페트라르카로 하여금 고대의 사상가들 중 몇몇에 대하여 자신도 글을 쓰고자 하는 생각을 불어넣었다.

연애 경험은 그의 시에 심오한 영감을 주었다. 그는 1327년 교회에서 만난 한 여성 라우라에게 매료되었다. 그녀는 이미 결혼했기 때문에, 페트라로카는 자신의 열정을 《칸초니에레》라고 알려진 매우 서정적인 연작 연애시에 쏟았다. 《칸초니에레》는 이탈리아 식 소네트(Italian sonnet)라는 형식을 정착시켰고 후대 작가들에게 영향을 미쳤다. 1348년에 그녀는 역병으로 죽었고, 페트라르카는 자신의 슬픔과 절망을 시로 표현했다.

종교적인 주제들 대신에 인간의 경험에 대한 그의 관심은 르네상스 시대의 시작과 근대적인 사고의 출현을 나타냈다.

✢ 역자주: 방투 산(Mont Ventoux)은 남프랑스의 프로방스 지방에 있는 산이다. 해발 1,912m로 프로방스 지방에서는 가장 거대한 산이며, '프로방스의 거인' 혹은 '대머리 산'이라고 불린다.

32. 데시데리우스 에라스무스 Desiderius Erasmus
대략 1466년 - 1536년

데시데리우스 에라스무스는 네덜란드 학자로서, 그의 인생과 저작은 중세 세계와 근대 세계를 중계하는 교량이었다. 젊어서 마지못해 수도원에 들어가 성직자로 임명되었지만, 대신에 그는 학자의 삶을 살기로 선택하여 방대한 저술을 출판하고 당시의 주요 사상가들과 왕래를 했다.

비록 교회는 그것의 권위에 복종할 것을 설교했지만, 에라스무스는 생각 없이 묵묵히 따르기보다는 이성을 사용하여 교회의 관행들의 강점과 타당성을 검토하면서 그 관행들을 비판적으로 분석했다. 그는 당시의 교회가 미신과 쓸데없는 전통에 의존하고 있다고 비판하면서, 대신에 합리적인 신앙심을 옹호했다. 지식이 사람들의 신앙심을 흩어놓을 것이라고 우려하는 몇몇 교회 지도자들에 반대하여, 에라스무스는 지식이 사람들의 종교적인 믿음에 튼튼한 토대가 되어줄 것이라고 말했다. 그는 사람들을 미신의 어둠에서 해방시키는 데 일조한 주요 인문주의 사상가로 꼽힌다.

당시 유럽 전체에 보급된 인쇄기는 에라스무스가 학문으로 먹고살 기회를 주었고, 그는 최초로 출판된 그리스어 《신약성서》를 비롯하여 여러 권의 베스트셀러들을 출판했다. 그는 엄밀한 연구를 통하여 고전들에 대한 보다 정확한 번역을 내놓았고, 그는 이 고전들에 근거하여 성서로 되돌아가 당시의 특징적 예배의식들을 버리자고 촉구했다. 그런 문제들에 대하여 교회와 성직자의 권위를 통하기보다는 개인들이 스스로 판단할 수 있다고 역설함으로써, 그는 가톨릭교회의 전통적인 가르침에 역행했다.

그는 주교들과 수사들이 폭음과 폭식에 탐닉하는 것을 풍자한《우신예찬》을 출판하여 그들의 부유함을 비판하기 시작했다. 이는 루터(Martin Luther)와 여러 사람들이 종교개혁을 추진하게 했다. 에라스무스는 성물과 종교의식과 순례여행을 비롯하여 교회가 대중의 미신을 조장하는 여러 가지 방식들에 의존하는 것을 비난했다. 그럼에도 그 자신은 결코 종교개혁을 지지하지 않았으며, 차라리 가톨릭교회 안에서 자신의 생각들을 펼치고 싶었다. 에라스무스는 갈수록 신랄해지는 종교적 논쟁에서 떨어져 있으려고 했지만, 가톨릭교도들과 신교도들은 모두 그의 견해를 의심스럽게 바라보았다.

《기독교 기사의 안내서》에서 에라스무스는 진정한 기독교도의 미덕을 이루기 위한 방편으로써 학습과 사색을 강조했다. 그러나 그가 교회의 관행을 비난하고 학문을 통하여 교회의 권위에 도전한 것은 사람들의 정신에 대한 교회의 지배력을 약화시키는 데 일조했다. **에라스무스가 낳고 루터가 부화시킨 알이 종교개혁을 일으켰다고** 말해진다.

자신의 이름이 통용어(通用語)가 되는 것을 본 사람은 별로 없을 것이다. 그리고 니콜로 마키아벨리에게 닥친 운명을 원할 사람은 더욱더 적을 것이다. '마키아벨리주의자'라는 말은 사람을 속이고 음모를 꾸미고 약삭빠른 사람들을 지칭하는 데 사용된다.

마키아벨리는 이탈리아의 독립 도시국가들의 정치와 분쟁에 깊이 관여했다. 그의 모국인 피렌체가 공화국이 되자, 그는 최고 행정관의 비서로서 외교 임무들을 수행하면서 여러 통치자들이 얼마나 효율적으로 나라를 다스리는지를 관찰했다. 하지만 그 자신의 정치적 경력은 성공적이지 못했다. 다시 피렌체의 정권을 잡은 메디치(Medici) 가문은 마키아벨리를 감옥에 가두고 고문을 가했다. 이에 대한 그의 반응은 그의 저술로 나타났다. 그의 저서 《리비에 대한 담론》(1531년)은 자치 국가를 선호하는 그의 사상을 전달했다. 하지만 그의 이름을 떨치고 사후의 명성을 가져다준 것은 역시 《군주론》(1513년)이다.

로렌초 데메디치(Lorenzo dé Medici)에게[+] 보내는 서한문 형식으로 작성된 이 저서는 군주가 성공적으로 통치하기 위하여 따라야 할 수칙들을 설명한다. 마키아벨리에게 정치철학의 창시자라는 지위를 부여해준 것은 현명하고 정의로운 정부만을 추구했던 이전의 전통으로부터 완전히 결별한 점이다. 마키아벨리는 굉장히 현실주의적이다. 그에게 **통치란 권력을 잡고 유지하는 것이며, 그리고 그렇게 하기 위하여 무슨 짓이든 하는**

것이다.

그가 말하길, 세습 군주국을 붙잡고 있는 것은 쉬운 일이다. 군주가 해야할 일은 오직 오랜 관습을 지키고 신중하게 행동하는 것이다. 권력을 잡아 안전한 신생 군주국을 세우는 것은 훨씬 어렵다. 이전의 군주 가문을 죽이는 것으로 시작하는 것이 신생 군주국의 수립에 도움이 된다. 군주는 때로 공포를 심어주기 위하여 가혹한 조치를 취할 필요가 있으며, 그런 조치는 빠르고 단호하게 수행해야 한다. 반면에 은혜는 아주 조금씩 천천히 베풀어 그 은혜에 대한 평판이 오래 지속되어야 한다.

여기서 속임수는 중요한 역할을 한다. 왜냐하면 사람들은 오직 현상들만을 바라보며, 일반 백성들은 항상 그런 현상들에 속임을 당하기 때문이다. 마키아벨리는 통치자는 잔인해야 하며 심지어 악해야 한다고 조언한다. 왜냐하면 폭력은 결과가 좋은 데 반해서, 덕은 그렇지 못하기 때문이다. 하지만 통치자는 미움을 받지 않기 위해서 덕 있는 척해야 한다.

《전쟁의 기술》(1520년)에 대하여 책을 쓴 마키아벨리는 통치자가 이외에 다른 공부를 할 필요가 없다고 말한다. 통치자는 강한 군대를 유지하고 언제든 그를 배신할 수 있는 용병이나 외인부대에 의존해선 안 된다.

마키아벨리는 당시의 어지러운 정치적 역학관계 속에서 뽑아낸 풍부한 사례들을 통하여 자신의 주장들을 설명하지만, 그가 제시한 본보기는 잔인하고 무도덕적인 체사레 보르자(Cesare Borgia)였다. 이는 받아들이기 힘든 내용이었고, 마키아벨리는 군주의 신임을 회복하지 못했다. 그러나 권력에 대한 그의 냉정한 통찰들은, 비록 정도를 벗어난 표리부동함의 전형이라는 의미지만, 그의 이름을 오랫동안 남기게 했다.

‡ 역자주: 로렌초 데메디치(Lorenzo dé Medici: 1449년 - 1492년)는 메디치가에서 가장 뛰어난 인물로 메디치 가문의 황금시대를 만들어냈다. 아버지 피에로는 '통풍에 걸린 피에로' 라는 별명을 얻을 정도로 몸이 허약했기 때문에 은행 업무나 피렌체의 정치에 적극적으로 참여하지 못했다. 이런 아버지가 죽자 로렌체는 22살의 나이로 메디치가를 물려받았다. 피렌체를 아버지의 방식대로 '가능한 합헌적인 방식으로 통치하겠다'고 공표하고 아버지와 동맹관계에 있던 밀라노의 스포르차가에 군사적 지지를 요청하여 정적들의 음모를 진압하고자 했다. 아버지와 마찬가지로 표면적으로는 피렌체 공화국을 표방했지만, 대외적으로는 피렌체의 실제적인 통치자로 군림하며 메디치가의 정권을 확립했다. 로렌초 시대는 이탈리아에서 가장 평화로웠고 전쟁도 없었던 시기였다. 그러나 그가 죽자 2년 후 이탈리아는 프랑스 왕 샤를 8세의 침입을 받게 된다.

34. 갈릴레오 갈릴레이 Galileo Galilei
1564년 – 1642년

1610년《별의 전령》이라는 얇은 책이 나왔고, 이 책은 어떤 책보다도 더 크게 세상을 바꿨다. 이 책의 저자는 이탈리아의 피사에서 태어난 갈릴레오 갈릴레이였다. 그는 1608년에 네덜란드에서 발명된 망원경에 대하여 들은 후, 렌즈를 갈고 문지르면 성능이 더 좋아진다는 사실을 알아내고는 배율이 더 높은 자신만의 망원경을 조립했다. 그는 영리적인 목적으로 피사의 상인들에게 망원경의 시범을 보여주기 위하여 바다에서 돌아오는 배들을 알아맞혔다. 그런 다음 그는 망원경을 하늘로 돌렸다.

《별의 전령》에서 그는 어떻게 자신이 목성을 돌고 있는 4개의 위성들을 관찰했는지를 기술했다. 당시에 유행했던 지구중심설[혹은 천동설]은 아리스토텔레스와 프톨레마이오스로부터 유래하여 교회가 가르치고 있던 견해로 지구를 우주의 중심에 두었다. 목성이 가진 4개의 위성들은⁺ 비(非)지구중심적 견해를 함축했으며, 한편 금성의 위상에 대한 갈릴레오의 관찰은 태양을 중심에 두는 코페르니쿠스의 모형을 뒷받침했다. 갈릴레오는 자신의 망원경을 이용하여 달 위에 산들과 분화구들이 있다고 보고했다. 이것은 달이 아리스토텔레스가 묘사한 것처럼 '완벽한 구체'라기보다는 울퉁불퉁한 세계라는 것을 밝힌 것이다. 그리고 태양의 흑점은 태양 위의 흠집들뿐만 아니라 태양의 회전을 밝힌 것이다.

갈릴레오는 일찍이 성직을 고려했지만 대신에 의학을 선택했다. 그러나 다시 수학으로 전공을 바꿔 25세에 교수가 되었다. 그는 역학에도 정

통하여, 전해진 바에 의하면 기울어진 피사의 사탑에서 둥근 쇳덩이들을 떨어뜨려 더 무거운 물건이 더 빨리 떨어진다는 아리스토텔레스의 주장을 논박했다. 또 들리는 바에 의하면, 그는 자신의 맥박을 이용하여 성당 샹들리에의 진동주기의 시간을 재어, 흔들리는 추의 진동주기는 그것의 진폭과 관계없이 동일한 시간이 걸린다는 것을 알아냈다.

갈릴레오는 자연에 대하여 알아내기 위해 고대의 저술가나 교회의 권위를 받아들이기보다는 관찰과 그것에 기초를 둔 추론을 사용했다. 그렇게 함으로써 그는 성직자 집단의 분노를 사게 되었고, 1616년부터는 코페르니쿠스의 사상을 가르치지 못하도록 금했다. 그럼에도 그는 우여곡절 끝에 1623년 《분석자》를 출판했다. 이 책은 수학의 언어를 통하여 자연을 이해하는 것과 과학적 방법을 옹호한 책이다. 아인슈타인은 그를 '근대 과학의 아버지' 라고 불렀다.

1633년 갈릴레오는 재판을 받았고 이단이라는 선고를 받았다. 당시 69세의 노령에 허약해진 그는 고문 도구들을 접해야 했고, 지구가 태양 주위를 돈다는 그의 믿음을 철회하게 되었다. 그는 가택 연금된 상태로 여생을 보냈고 가르치거나 출판하는 것도 금지를 당하다가 75세에 눈을 감았다. 갈릴레오의 재판이 있은 지 2백 년 후에야 교회는 코페르니쿠스의 사상을 금서 목록에서 제외했고, 1992년 교황 요한 바오로 2세는 마침내 갈릴레오에게 사과했다.

+ 역자주: 1610년 갈릴레이가 자신의 망원경을 이용하여 목성을 관측하여, 목성 주위에서 4개의 위성들을 발견했다. 이 위성들을 '갈릴레이 4대 위성' 이라 한다. 갈릴레이는 목

성 둘레에 작은 위성들이 공전하고 있다는 사실로부터 지구도 태양 둘레를 공전하고 있다고 믿었다. 그의 관측 결과는 지구가 우주의 중심이 아니라는 코페르니쿠스의 주장을 뒷받침하는 것이다. 독일 천문학자 마리우스(S. Marius)는 갈릴레이의 4대 위성에 이오, 유로파, 가니메데, 칼리스토라는 이름을 붙였다.

35. 토마스 홉스 Thomas Hobbes
1588년 – 1679년

토마스 홉스의 인생은 40세에 바뀌었다. 그는 남성전용 도서관에서 기다리면서 피타고라스의 정리 부분이 펼쳐진 유클리드(Euclid)의 《기하학》을 보았다. 전해지는 바로는, 이때 그는 '하느님께 맹세코 이것은 불가능하다!' 라고 소리쳤다. 그러나 그는 앞에 나온 증명들과 결국 제1원리까지 살펴보았다. 마침내 만족한 그는 동일한 접근방식을 정치학에 적용할 수 있지 않을까 하고 생각했다. 그는 갈릴레오와 케플러의 과학적 방법을 존경했으며, 그것을 사회연구에 적용하고 싶었다. 그 결과물이 바로 《리바이어던》(1651년)이다. 이 책은 시민정부의 기원에 대한 체계적 설명이자 정치철학의 중요 저서이다.

홉스는 인간이 시민사회 이전의 자연상태(state of nature)에 있는 모습을 상상함으로써 자신의 제1원리를 시작한다. 그는 자연상태가 비참한 상태, 말하자면 자기를 방어하고 우위를 점하기 위하여 모든 사람이 서로 싸우는 전쟁의 상태라고 보았다.⁺ 산업도 농업도 무역도 예술도 없다. 그가 한 유명한 말처럼, 이런 상태에서의 인간의 삶은 '고독하고 빈곤하고 역겹고 야만적이고 짧았다.'

그는 사람들은 자기이익을 위하여 행동하면서 자기가 좋아하는 것을 '선'(善)이라 하고 자기가 피하려는 것을 '악'(惡)이라고 부른다고 말했다. 사람들은 논쟁에서 자기가 판사와 배심원인 것처럼 행동하여, **만인에 대한 만인의 투쟁**의 상태로 만든다. 이런 파괴적 혼돈에서 벗어나기 위하여, 사람들은 군주를 받아들이기로 한다. 그들은 자신의 생명에 대한 권한과 판단을 양도하는 데 동의하고, 마침내 그들 모두 위에 군림하는 강력한 통치자를 받아들인다.

나중에 국민과 정부 사이의 사회계약을 기술했던 존 로크(John Locke)와 달리, 홉스는 오직 국민 사이의 사회계약을 기술한다. 군주는 사회의 계약의 일부가 아니며, 어떤 권한도 양도하지 않는다. 그러므로 홉스는 군주가 절대적인 권력을 가진다고 본다. 나중에 존 로크와 찰스 몽테스키외(Charles Montesquieu)가 말한 권력분립은 미국 헌법의 구성요소이지만, 홉스의 이론에는 나타나지 않는다. 반대로 군주는 효과적 통치를 위하여 집중된 권력을 행사해야 한다. 군주의 절대적 권력의 유일한 한계는 자신들의 목숨이 위협당할 때 사람들은 스스로를 보호할 수 있는 권리를 보유하고 있다는 것이다.

홉스는 살벌했던 영국의 퓨리턴혁명에 걸쳐서 살았으며, 여러 왕당파 사람들과 파리로 도망갔다. 그는 오직 전능의 정부만이 자신이 목격했던 불화와 혼란을 억제할 수 있다고 믿었다. 그러나 왕당파 사람들은 반(反)가톨릭적이고 세속적인 어조 때문에 《리바이어던》을 싫어했다. 의회파도 그것이 절대군주를 정당화한다는 이유로 싫어했다. 홉스는 파리 망명 중에 자신에게 수학을 배웠던 찰스 2세의 복위를 지지하여 어느 정도 복권되었다.

+ 역자주: 홉스가 생각한 자연상태의 인간은 대체로 능력에 있어서 동등하지만, 동정심과 같은 우호적 감정이 없고, 각자는 이기심으로 자기보존과 안녕만을 추구하는 비사회

적 존재이다. 이에 비하여 존 로크가 상상한 자연상태는 홉스가 생각한 것만큼 그렇게 극단적으로 열악한 환경은 아니다. 하지만 로크는 자연상태보다는 사회상태가 더 좋은 상태이고, 그래서 사람들은 사회상태로 이행하게 된다고 가정한다.

36. 르네 데카르트 René Descartes
1596년 - 1650년

데카르트는 최초의 '근대' 철학자이다. 왜냐하면 그는 아리스토텔레스의 철학에 기초를 둔 중세의 스콜라철학과 결별했고, 추론에서 도출된 확실한 진리들을 확립하려 했기 때문이다.

프랑스 출신의 데카르트는 네덜란드 공화국에서 일하면서 살기로 선택했다. 1634년 《세계》는 그의 첫 번째 저서가 될 뻔했으나 갈릴레오가 이단으로 재판을 받고 가택 연금되었다는 소식이 날아들자 출판계획은 중단되었다. 왜냐하면 데카르트도 코페르니쿠스의 지동설을 받아들였기 때문이다. 그 책은 사후에 출판되었고, 대신 그의 명성을 확립한 《방법서설》(1637년)이란 제목으로 불렸다.

데카르트는 의심의 여지가 있는 것은 어느 것도 받아들이고 싶지 않았다. 자기 자신의 감각적 증거는 불확실하다. 왜냐하면 그는 꿈을 꾸고 있는 것일지 모르기 때문이다. 방법론적인 (혹은 '과장된') 의심을 이용하여 모든 불확실한 것을 거부하면서, 데카르트는 하나의 확실하고 의심의 여지가 없는 진리를 가지고 시작한다. 그는 생각하고 있고, 고로 그의 생각하는 자아가 존재한다. 이것이 그 유명한 '코기토 에르고 숨' (cogito ergo sum), 즉 '**나는 생각한다, 고로 나는 존재한다**' 라는 명제이다. 이 명제에 근거하여 데카르트는 자신의 학문체계를 수립한다. 사람은 자기 자신의 존재에 대하여 직관적으로 확실한 지식을 갖고 있거나, 아니면 생각을 하고 있지 않은 것이다.

그런 다음 그는 이 명제처럼 명석하고 판명한 모든 관념은 참임에 틀림없다고 말한다. 왜냐하면 그런 종류의 어떤 관념이 불확실하다면, 코기토[생각한다] 자체가 불확실할 수 있기 때문이다. 데카르트는 신에 대한 자신의 명석하고 판명한 관념에 (어떤 완전한 존재에 대한 우리의 관념은 그 존재의 실재를 함축하고 있음에 틀림없다는) 성 안셀무스의 존재론적 증명을 덧붙인다. 더 나아가 신은 인간으로 하여금 외부 세계의 사물들을 물질이라고 생각하게 하는데, 그렇기 때문에 그 사물들은 물질임에 틀림없을 것이다. 왜냐하면 신은 인간은 속이지 않을 것이기 때문이다. 인간에게 감각적 증거를 믿을 수 있다고 말해주는 것은 그의 지각이 아니라 이성이다.

한 조각의 밀랍은 여전히 동일한 조각의 밀랍으로 남아 있으면서도 그것의 모든 감각적 속성을 변화시킬 수 있음을 깨닫고, 데카르트는 이런 지식은 그의 감각이 아니라 마음에서 나옴에 틀림없다고 추론한다. 그는 마음이 정신적 실체인 데 반해 육체는 물질적 실체라고 추론한다. 이것이 데카르트적 이원론(二元論), 즉 비물질적 마음과 기계론적 육체를 분리한 것이다. 데카르트가 송과선에 위치한다고 생각했던 마음은 육체에게 명령을 내린다. 하지만 육체로부터 나오는 피드백도 있을 수 있다.

데카르트를 비판하면서, 피에르 가상디(Pierre Gassendi)는 어떤 접촉점('면')에 의하여 비물질적인 마음이 물질적인 육체를 움직이게 할 수 있는가 하고 묻는다. 앙투안 아르노(Antoine Arnauld)는 우리가 신에 대한 명석하고 판명한 관념을 갖고 있기 때문에 신이 존재하고 다시 우리가 그런 관념을 갖고 있음은 신의 존재에 의하여 보장된다고 말하는 것은 순환논증이라고 주장했다.

인식론 이외에도, 데카르트는 기하학에 대수학을 도입하고, 그리하여 좌표 ('데카르트적') 기하학을 개발함으로써 수학에 대변혁을 일으켰다.

37. 블레즈 파스칼 Blaise Pascal
1623년 - 1662년

블레즈 파스칼의 인생은 인간의 삶의 질이 수명이나 행복으로 잴 수 없다는 것을 증언한다. 그는 평생 병과 고통에 시달리다가 39번째 생일 직후에 죽었다. 그렇게 짧은 삶에서도 그는 수학, 물리학, 종교적 사고에 독창적인 기여를 하면서 자신이 서양 문명의 가장 위대한 지성인들 중의 한 사람임을 증명했다.

자기 아버지에게 교육을 받은 신동이었던 파스칼은 피타고라스의 공리들을 모사했고, 13세에는 데카르트의 새로운 기하학에서 오류를 발견했다. 16세에는 원뿔곡선에서 나오는 평면도형들에 관한 파스칼의 정리를 설명하는 유력한 논문을 작성했다.

10대 후반에는 아버지의 세금 결산을 돕기 위하여 자동 계산기를 만들어냈다. 그의 수학적 발견에는 파스칼의 삼각형이란 것이 포함되어 있는데, 이것은 이항계수를 삼각형 모양으로 배열한 도식이다. 파스칼과 페르마(Fermat)가 주고받은 편지들에서 확률이론이 개발되었는데, 이것은 원래 도박에서 확률계산을 돕기 위하여 개발한 것이었다.

유체정역학(hydrostatics)에서 그는 유체는 모든 방향으로 동일하게 전달된다는 파스칼의 법칙을 전개하고 이 법칙을 응용한 유체압축기를 발명했다. 그는 뒤집어진 수은주의 꼭대기에 진공이 존재한다는 것을 보여줌으로써 데카르트의 이론에 도전했으며, 실험에 의하여 진공은 고도에 따라 달라진다는 것을 증명했다.

　철학적으로 파스칼은 진리들은 이전의 진리들로부터 도출될 수 있지만, 제1원리는 직관적이며 증명될 수 없다고 주장했다. 이것은 그로 하여금 제1원리를 받아들일 근거로서 종교에 도달하게 했다. 그는 얀센주의를 받아들였고, 《시골 친구에게 보내는 편지》(1656-7년)에서 얀센주의를 옹호했다.[+] 이 18편의 편지들은 한 파리 사람이 자신의 시골 친구에게 보내는 것으로 꾸며졌는데, 문학계가 절찬한 세련된 스타일로 저술되었다. 이 편지들에 나오는 예수회(Jesuit) 수사들에 대한 그의 재치 있는 비난들을 프랑스 왕은 좀 받아들이기 어려웠던지, 그 책을 태워버리라고 명령했다.

　두 번의 종교적 체험들이 — 다리 사고에서 거의 죽을 뻔했던 경험과 조카딸의 눈병이 기적적으로 치료된 것이 — 그가 여생 동안 종교에 헌신하는 계기가 되었다. 그의 사후에 《팡세》라는 제목으로 출판된 마지막 저서는 신앙인들에게 감화를 준 프랑스 문학의 걸작으로 추앙받았다. 그의 단상들을 엮은 이 책은 기독교를 옹호하면서 신의 놀라운 힘을 찬미한다. 파스칼은 거의 섞이는 일이 없는 수학적인 마음과 직관적인 마음을 구별한다. 그는 '**심장이 뛰는 데는 나름대로 이유가 있지만, 이성은 그 이유에 대하여 아무것도 모른다**' 라고 적었다. 이것은 신앙에 기반을 둔 믿음의 직관적인 성질을 기술한 것이다. 파스칼은 확률이론을 자신의 유명한 내기에 적용했다. '**만약 신이 존재하지 않는다면 어떤 사람이 그를 믿는다 해도 아무것도 잃을 것이 없지만, 만약 신이 존재한다면 그를 믿지 않음으로써 그 사람은 모든 것을 잃을 것이다.**'

✝ 역자주: 얀센주의(Jansenism)는 플랑드르 신학자 얀센(C. O. Jansen)의 사상에 근거하여 17세기 초 프랑스의 로마 가톨릭교회에서 일어난 신학사상 운동으로서 포르루아얄 수도원을 중심으로 전개되었다. 얀센은 아우구스티누스의 은총설과 예정설을 받아들였다. 즉, 신의 특별한 은총을 힘입지 않고는 신의 명령을 인간이 수행할 수 없다는 것, 그리고 신의 은총은 거역할 수 없는 것이므로 인간은 자연적으로든 초자연적으로든 예정론의 포로일 뿐이라는 것이다. 1653년 교황 인노켄티우스 10세에 의하여 이단으로 낙인찍혀 박해를 받게 되었고, 얀센주의자들은 네덜란드로 피신해 그곳에서 독자적 종파를 형성했으나 소수 집단에 그치고 말았다.

38. 존 로크 John Locke
1632년 – 1704년

존 로크는 철학의 두 주요 분야에서 중요한 인물이다. 그는 경험주의 인식론의 주창자였으며, 시민정부에 대한 계약론에 독창적인 기여를 한 사람이다.

그는 청교도혁명으로 폭력적 내란이 일어나는 동안에 성장했다. 자격증을 가진 의사로서 로크는 당시의 권세가 새프츠베리 경의 주치의가 되었으며, 잠시 그의 무역 사무관으로도 활동했다. 스튜어트 왕조를 피해 달아난 뒤, 그는 해외에서 저작활동을 하며 시간을 보냈다. 1688년의 명예혁명으로 제임스 2세의 독재통치가 윌리엄과 메리의 입헌정부로 바뀌자 그는 그 저술들을 출판했다.

그의 《정부론》(1690년)은 명예혁명에 대한 정당화를 제공한다. 그는 자연권과 사회계약이라는 두 주제들을 끌어낸다. 그는 '신이 준 왕권'이라는 개념을 반박하고, 정부는 '단순히 힘과 폭력의 산물'이 아니라는 소신을 확립하려고 했다.

로크는 자연상태가 역사에 뿌리를 두고 있다고 생각했다. 이런 상태에서 사람들은 자신의 생명과 건강과 재산을 보호하는 자기보존의 권리를 가진다. 예를 들어, 사람들은 딸기를 따는 일처럼 신의 선물과 '자신의 노동을 결합함'으로써 재산권을 획득한다. 자신이 못쓰게 만들지 않고 사용할 수 있는 것 이상을 얻는 것은 [자연의] 법에 어긋나는 일이지만, 농업과 화폐는 일부 사람들의 잉여 재산을 다른 사람들이 사용할 수 있게 만들었다.

이 권리들은 정부에 앞서서 주어진 것이지만, 시민사회가 없이는 사람들은 논쟁에서 제멋대로 행동할 것이다. 충돌을 해소하고 자신들의 권리를 보호하기 위하여, 사람들은 생명과 건강과 재산에 대한 그들의 권리를 보호하는 일을 의무로 삼는 정부를 구성하는 계약을 맺는다. **정부는 시민들의 명백한 동의를 받아서 통치해야 한다.** 만약 정부가 생명·건강·재산에 대한 시민들의 권리를 침해한다면 그것을 불법적인 일이며, 스스로 시민과의 전쟁상태에 빠지는 일이며, 정부의 전복을 정당화시키는 일이다. 로크의 원칙들은 미국의 독립혁명과 프랑스혁명에서 매우 큰 영향력을 미치게 되었다.

《인간오성론》(1690년)에서, 그는 우리의 관념들이 우리의 마음속으로 들어오는가를 발견하려고 한다. 우리의 지식은 어디서 오는 걸까? 그는 궁극적으로 감감적인 경험에서라고 말한다. 우리는 본유 관념들을 가지지 않는다. 아니면 우리는 그 본유 관념들을 즉각적으로 인식할 것이다. 대신 **우리의 마음은 백지상태(tabula rasa)이다.** 어떤 관념들은 감각을 통하여, 또 어떤 관념들은 반성을 통하여 마음속으로 들어온다. 단순한 관념들은 감각적 경험으로부터 오며, 마음속에서 복잡한 관념들로 결합될 수 있다. 그러나 지성 안의 그 어떤 것도 감각을 통하지 않고 들어오지 않는다. 로크가 경험적 정보에 부여한 우선성은 당시에 싹트기 시작한 과학적 발견과 방법에 대한 새로운 이해와 잘 어울렸다.

39. 베네딕투스 데 스피노자 Benedict de Spinoza
1632년 – 1677년

베네딕투스 데 스피노자는 이단적인 종교적 견해들 때문에 살아 있을 때뿐만 아니라 죽은 후에도 오랫동안 악평을 받았다. 그러나 그는 오늘날 17세기 합리주의의 대들보로 간주된다. 그는 자신이 받은 유대인 교육의 전통적 견해에서 벗어남으로써, 20대 초반에 케렘(cherem) 혹은 파문을 당했다.＋ 그는 안경알을 가는 일을 하면서 네덜란드에서 살았지만, 사상 연구에 자신의 일생을 바쳤다.

데카르트에 관한 그의 첫 번째 책이 살아 있는 동안에 그의 이름으로 출판된 유일한 책이다. 그의 견해들은 살아 있는 동안에 알려지고 논의되었지만, 그는 현명하게 자신의 《신학정치론》(1670년)을 익명으로 출판했고, 그의 가장 위대한 작품인 《에티카》(1676년)는 사후에 출판되었다. 이런 능욕을 당하게 만든 견해들은 신과 우주에 대한 그의 추론들이었다.

데카르트가 제안한 마음과 육체의 이원론을 거부하면서, 스피노자는 자연에는 오직 하나의 실재, 일정한 규칙에 따라서 행동하는 하나의 실체만이 존재한다는 결론을 내렸다. 이 하나의 실체란 바로 자연(우주)이며, 자연은 신과 같은 것이며, 무한하면서 완전하다. 사람들을 비롯하여 자연 안에 있는 모든 것은 오직 그것의 양상('양태')일 뿐이다. 더 나아가 자연은 그 자체의 필연성에 따라서 움직이므로, 우연이나 인간의 자유의지가 있을 여지는 없다.

스피노자는 개성을 가진 의인화된 신의 개념을 거부했다. **그의 범신론 (汎神論)에서의 신, 즉 자연 세계는 인간의 운명이나 행동에 아무런 관심을 갖지 않으며, 철저히 결정론적이다.** 인간은 자신이 자유의지를 갖고 있다고 생각한다. 그러나 그것은 사람들이 자신의 행동을 결정하는 원인들을 이해하지 못하기 때문일 뿐이다.

스피노자의 도덕적 견해도 이와 마찬가지로 급진적이다. 그는 객관적 선이나 악은 없다고 말했다. 왜냐하면 이것들은 실재가 아니라 우리의 지각에 관련된 말들이기 때문이다. 우리는 어떤 것들을 재앙 혹은 부정의라고 본다. 왜냐하면 우리는 그것들을 제대로 지각할 능력이 없기 때문이다. 우주는 완벽하다. 그러나 우리는 이것을 볼 수 없다.

행복은 세속적 재화나 열망을 통해서가 아니라 이성적 삶을 통해서 오는 것이다. 최고의 덕은 신(우주)에 대한 지식으로부터 온다. 그래서 스피노자는 스토아철학이 주장하는 것과 다르지 않은 삶을 옹호한다. 이런 삶에서는 우리 자신과 자연에 대한 지적인 이해를 위하여 단순한 세속적 쾌락을 거부하고, 이는 우리의 욕망에 대한 통제로 이어진다. '**진정한 덕은 이성의 명령에 따르는 삶이다.**'

스피노자 자신도 칭찬할만하게 소박하고 사색적인 삶을 살았으며, 명예나 출세를 마다하고 철학을 연구하고 실천하려 했다. 그는 폐병으로 젊은 나이로 죽었는데, 어쩌면 그가 일하면서 들이마신 유리 가루 때문일 것이다.

+ 역자주: 유대인 사회에서 출교나 파문에는 세 등급이 있었다. 첫 번째 등급의 가장 가

벼운 '니딘'(niddin)과 세 번째 등급의 가장 엄중한 '샴마다'(shammatha)와 더불어,
'케렘'(cherem)은 두 번째 등급의 출교에 해당한다. 케렘에 해당되는 사람은 매우 엄중
하게 저주를 받았고, 다른 유대인과의 교제가 허락되지 않았고, 성전이나 회당에 들어가
는 것조차 금지되었다.

뉴턴은 어느 누구보다도 세계에 대한 사람들의 사고방식을 크게 바꾼 인물이다. 상징적이게도 갈릴레오가 죽은 해의 크리스마스 날에 태어난 뉴턴은 세계는 합리적 법칙에 따르므로 우리는 세계를 이해할 수 있으며, 가까운 대상들의 움직임을 지배하는 법칙이 또한 천체에서 가장 멀리 떨어진 부분들을 지배한다는 사실을 보여주었다.

흑사병(런던 대역병)으로 케임브리지 대학교가 문을 닫자 트리니티 칼리지에 다니다 2년 동안 집으로 돌아와 있던 뉴턴은 자신의 정원에 떨어진 사과에 대하여 사색하다가, 왜 사과는 다른 방향이 아닌 지구의 중심을 향하여 움직였는가, 그리고 그것을 끌어당긴 힘이 더 멀리까지 심지어 달과 그 너머로까지 작용할 수 있는가 하는 의문을 갖게 되었다. 왕립학회 천문학자인 에드먼드 핼리(Edmond Halley) 경의 강력한 권유로, 뉴턴은 연구 결과를 《수학의 원리》(1687년)라는 제목으로 출판하였다.

이 책은 운동의 세 가지 법칙에 대하여 설명했다 ─ 모든 물체는 외부의 힘이 작용하지 않는 한, 정지해 있거나 진행 방향으로 계속 움직인다. 운동량의 변화율은 그 외부의 힘에 비례한다. 그리고 모든 작용에는 크기는 같고 방향은 반대인 반작용이 있다.

이 단순한 법칙들이 있으면, 이제 대포알의 탄도뿐만 아니라 궤도상에 있는 행성들의 운동을 계산할 수 있다. 예전에는 지구계와 천계라는 두 개의 영역이 있었다면, 이제는 오직 하나의 영역이 있다. 인간은 합리적이고 질서 정연한 우주에 대한 지식을 획득할 수 있다는 생각은 후대의 지적 계몽의 토대가 되었다.

뉴턴은 프리즘을 이용하여 빛이 여러 가지 색들로 나눠지는 것을 발견함으로써 자연법칙들이 빛의 움직임을 지배한다는 것을 보여주었다. 망원경 렌즈는 항상 색을 왜곡한다는 것을 알아내고, 뉴턴은 직접 거울과 접안렌즈를 갈아서 자신의 이름을 딴 반사 망원경을 발명했다.

그는 다른 물리학 분야들을 수학화하기 위하여 자신의 수학적 '유율법'(fluxions)을 ― 미적분학을 ― 이용했다. 그리고 그는 관찰과 실험에 바탕을 둔 과학적 방법을 대한 체계적 토대를 설명했다.

완고한 사람으로 간주되었던 그는 당시의 많은 주요 과학자들과 논쟁을 벌였고, 과학에 관여한 만큼 연금술과 성서주석에도 관여를 했다. 그는 때로는 장시간 혹은 며칠에 걸쳐 지속적인 집중할 수 있는 힘을 가졌던 것으로 유명하다. 그는 '내가 세상을 멀리 볼 수 있었던 것은 내가 거인들의 어깨에 서 있었기 때문이다'라는 명언을 남겼다.

뉴턴의 업적은 교황이 남긴 2행 대구(對句)에서 요약된다.

'자연과 자연법칙은 어둠에 묻혀 있었다.

그런데 신께서 뉴턴이 있으라! 하시자, 모든 것이 밝혀졌다.'

41. 고트프리트 빌헬름 라이프니츠
Gottfried Wilhelm Leibniz
1646년 - 1716년

고트프리트 빌헬름 라이프니츠는 여러 학문분야에서 유명하다. 비록 그는 뒤늦게 수학에 뛰어들었지만, 그의 강력한 지능은 거기서도 흔적을 남겼다. 그는 왕립학회에서 계산기의 시범을 보여주었고, 아이작 뉴턴과 동시에 미적분법을 발명했다. (일부 사람들은 그가 뉴턴의 연구보다 더 앞섰을 거라고 주장했다.)[+] 그는 또한 현대의 컴퓨터 설계에서 이용되는 이진(二進) 체계를 고안했다. 라이프치히에서 태어난 그는 대부분의 인생을 하노버의 궁전에서 살았으며, 한때 프랑스의 왕 루이 14세의 관심을 독일로부터 돌리기 위하여 루이 14세에게 이집트를 침공하라고 설득하기도 했다.

철학에 있어서는 많은 다른 철학자들과 마찬가지로 그는 전능한 신과 눈에 보이는 대로의 세계를 조화시키려 했으며, 우주가 움직이는 방식에 대한 자신의 생각에 대하여 논리적으로 모순이 없는 설명을 만들어냈다. 라이프니츠는 개별자는 개별자 그 자체라는 원리(동일률)와 모순을 일으키는 명제는 반드시 거짓이라는 원리(모순율) 같은 자명한 원리를 가지고 시작했다. 그런 기본적 발판들로부터 그는 수학적 방식의 추론을 통하여 우주에 있는 궁극적 실재는 물질이 아니라 마음임에 틀림없다는 결론을 끌어냈다.

라이프니츠에 따르면, **우주는 영원불멸하는 '단자'(monad)들로 구성되어 있다.** 단자는 물리학자들이 우주의 구성요소로 간주하는 원자에 어느 정도 대응한다. 그러나 단자는 두 가지 중요한 측면에서 원자와 다르다. 단자는 마치 무수한 '영혼들'처럼 물질적이지 않으며, 서로 상호작용지도 않는다. 각 단자는 예정된 지시를 따르며, 어느 순간에든 그것이 행동하는 바대로 행동한다. 왜냐하면 그렇게 행동하는 것이 그 단자의 정체성의 일부이기 때문이다. 라이프니츠는 어떤 단자에 대한 완전한 개념을 가진다는 것은 그 단자에게 일어날 모든 일을 아는 것이라고 말했다. 그는 하나의 단자가 미래를 '품고' 있으며 과거를 '싣고' 있다고 밝혔다. 만약 한 사건이 다른 사건을 일으키는 것처럼 보인다면, 이것은 환상이다. 실제로 일어난 일은 단자들이 독립적이고 동시적으로 행동한 것이다. 그것은 시계들이 서로 연결되어 있지 않아도 동시에 같은 시각을 가리키는 것과 마찬가지다. 라이프니츠는 원인과 결과처럼 공간과 시간도 환상이라고 말했다. 실재는 각자의 과거와 미래를 지닌 독립된 단자들로 이루어져 있으며, 각각의 단자는 우주의 거울과 같다. 신은 그것들이 예정된 조화를 이루기를 원하셨다.

　　라이프니츠는 **신은 이 우주를 완벽하지는 않지만 모든 가능한 우주들 중 최상의 우주로 만들었다**고 추측한다. 《캉디드》에서 볼테르는 이런 생각을 조롱했다. 이 작품에 나오는 등장인물들은 전쟁, 강간, 지진, 해적, 교수형을 비롯한 온갖 재앙을 겪는데, 오직 (라이프니츠를 의미하는) 팡글로스 박사만 '모든 가능한 세계들 가운데 최상의 세계인 이곳에서는 모든 것이 최상이다'라고 앵무새처럼 읊조린다.

✝ 역자주: 라이프니츠도 뉴턴과 비슷한 시기에 동일한 미적분법을 발견했고, 자신의 이

론을 논문으로 정리하여 1673년과 1676년 사이에 미분법과 적분법을 차례로 발표하였고, 이로 인해 라이프니츠는 독일을 비롯한 유럽에서는 미적분학을 최초로 개발한 수학자로 인정받았다. 한편 뉴턴은 1660년대 후반에 미적분법을 발견하였지만 발표는 라이프니츠보다 늦게 했다. 라이프니츠가 미적분법을 발표할 무렵, 뉴턴은 흑사병을 피하여 잠시 런던을 떠나 고향에 있을 때였다. 얼마 지나지 않아 뉴턴도 라이프니츠의 미적분법을 알게 되었지만 자신의 것과는 전개 방식이나 기호의 사용이 다르다는 것을 알게 되었다. 그런데 뉴턴의 열렬한 지지자 중 한 사람이 라이프니츠가 뉴턴의 아이디어를 훔쳐 미적분을 발견했다고 주장했고, 이로 인해 미적분법에 대한 우선권 논쟁이 벌어졌다. 지금은 두 사람이 서로 독립적으로 미적분학을 발견했다고 알려져 있지만 당시 두 수학자의 논쟁은 독일과 영국 간의 자존심을 내세운 논쟁으로 발전했다.

42. 잠바티스타 비코 Giambattista Vico

1668년 - 1744년

비록 살아 있는 동안에는 환호를 받지 못했지만, 비코의 작품들은 그가 죽은 다음 세기에 널리 알려지면서 중요성을 띠게 되었고, 20세기에는 더욱더 중요성을 가지게 되었다. 오늘날 그는 매우 독창적인 사상가이며 역사철학의 개척자로 간주된다.

그는 자기 시대의 주류 사상의 외부에 있었다. 왜냐하면 그는 진리는 명석하고 판명한 관념들을 관찰함으로써 얻어질 수 있다는 데카르트의 생각을 절대 받아들이지 않았기 때문이다. 대조적으로 비코는 진리가 행동으로부터 나오며 인간은 자신이 만들어낸 것들에 대한 진리만을 알 수 있을 뿐이라고 주장했다. 수학은 인간이 만든 것이며 확실성의 여지가 있지만, 인간에 의하여 만들어지지 않은 자연은 그렇지 않다. 역사는 인간에 의하여 만들어진 것이므로 그것에 관한 진리를 알 수 있다.

비코는 지적(知的)으로 다소 고립되어 있었다. 그는 나폴리의 수사학 교수였으며, 그가 탐냈던 법대 교수직은 얻지 못했다. 그는 서신을 주고받던 유럽 지식인 집단의 일원이 되지도 못했다. 그러나 그는 자기 사상의 전개를 기술하는 새로운 양식의 지적 자서전을 출판했다.

비코는 《신과학》(1725년)에서 **역사는 순환하며, 문명과 문화는 연속적 발전 단계들을 거친다**는 주장을 제시했다. 또한 역사는 신화와 미신의 시대에서 시적(詩的)인 상상력으로 시작했다고 말했다. 역사는 그가 '신들의 시대'라고 부른 단계로 전개되었다. 이 시대에는 인간들이 초자연적인 것에 대한 두려움 속에서 살았다. 부족 지도자들이 자신들 안팎의 안전을 도모하기 위하여 무리를 결성하자 '영웅들의 시대'가 도래했고, 그 지도자들은 사람들에게 용기와 성취감을 고취시켰다. 이 시대에는 지배하는 가문들과 나머지 사람들 (귀족과 평민) 사이의 계급 분열이 나타났다. 사회가 공화국과 같은 입헌정부의 형태를 취하자 '인간들의 시대'가 도래했고, 평민들이 귀족들도 법 아래에 둠으로써 평민들의 권리들이 보장되었다. 그런데 상황이 변질되자, 군주제는 계승되었지만 결국 야만과 무정부 상태가 다시 한 번 지배하게 되었다.

비코는 모든 문화가 이 단계들을 거치며, 문학·법률·정치·철학 같은 사회적 제도들도 문명의 발달처럼 역사적 단계들을 통하여 진보했다고 주장했다. 역사는 어딘가로 이끌려가며, 서로 무관한 일련의 임의적인 사건들이 아니라 어떤 정해진 패턴을 거친다는 생각은 급진적인 생각이었다. 이런 생각은 이후에 누구보다 칼 마르크스(Karl Marx)에게 영향을 미치게 된다. 비코는 또한 인간의 지식을 단순한 과학적 맥락과는 대립되는 사회적 맥락에서 다루었다는 점에서 현대적 이해를 미래 내다본 셈이었다.

43. 버나드 맨더빌 Bernard Mandeville
1670년 – 1733년

네덜란드에서 태어나고 자란 버나드 맨더빌은 영국에서 일하면서 살기로 선택했다. 자격증을 가진 의사였지만, 그가 유명세에다 악명까지 얻게 된 이유는 저술을 통하여 물의를 일으켰기 때문이다.

그는《불평하는 꿀벌 떼》(1705년)을 출판했다. 이 책은《꿀벌의 우화》(1714년)로 다시 출판되었고, 이 제목으로 알려지게 되었다. 1723년에 나온 이 책의 증보판은 자선학교를 매도하는 글을 포함했고, 대배심(大陪審)은 이를 '공적 불법 방해'라고 선고하였다. 이 사건은 이 책을 널리 알려지게 만들었고, 도덕가들의 비난이 차례로 일어나자 맨더빌은 논쟁에 빠지게 되었다.

전례 없는 비방을 일으킨 이 작품은 그의 시대의 허위의식을 조롱한 풍자시였다. 이 작품은 이기심이 지배하고 주민들의 적나라한 사리사욕을 통하여 번성하던 꿀벌 떼에 대하여 이야기한다. 자신들의 도덕성 결여를 한탄하던 꿀벌들이 갑자기 그들의 신에 의하여 덕이 높아지자, 재난이 잇달아 일어난다. 그들을 움직이던 탐욕이 없어지자 산업과 상업이 더 이상 기능을 하지 못하게 되고, 꿀벌들은 소박하고 가난한 삶을 살기 위하여 떠난다.

맨더빌이 전하려 했던 냉소적 메시지는 **사람은 근본적으로 악하며, 오직 자신만을 생각하며, 다양한 욕망을 만족시키려는 열정에 의해서 움직여진다**는 것이다. 맨더빌은 이런 이기적 충동의 만족은 악덕이고, 대신 다른 사람들의 향상을 추구하려는 충동의 만족은 덕이라고 간주한다. 그러나 이기심이 인간을 지배하기에 진정한 덕은 존재하지 않으며, 오직 덕을 가장한 겉치레가 있을 뿐이다.

사회에 있어서는 다행스럽게도, 사람들은 다른 사람들이 자신에 대하여 좋게 생각해주길 바라며 유능한 정치가들은 유덕한 삶의 역할모델을 제시한다. 그리하여 사람들은 유덕한 체하며 다른 사람들을 배려하는 척한다. 따라서 덕은 위선적이다. 덕은 자긍심에 기초를 두고 있으며, '공공심(公共心)을 칭찬하여 다른 사람들의 금욕이라는 결과를 얻으려는' 정치인들에 의하여 조장된다.

이 우화의 부제는 '개인의 악덕과 공익'이다. 이것은 맨더빌이 탐욕의 사회적 유용성이라고 생각한 바를 설명한다. 자신의 욕망을 만족시키기 위하여 사람들은 다른 사람들을 위한 고용을 창출하고, 돈을 소비하여 개인적 만족만을 추구하는 사람들도 자신들의 부를 널리 퍼트림으로써 다른 사람들을 위한 기회를 가져온다. 따라서 **사치가 '수많은 빈민을 고용했고, 밉살스런 자만심이 더욱더 많은 빈민을 고용했다.'**

그의 시대의 도덕가들에게, 악덕이 사회에 이익을 가져온다고 봐야 하고, 위선이 아니라면 덕은 사회를 붕괴시킬 것이라는 주장은 충격적이었다. 맹렬한 비난에도 불구하고 맨더빌의 사상은 특히 경제학의 창시자인 아담 스미스(Adam Smith)에게 상당한 영향을 미쳤다.

44. 조지 버클리 주교 Bishop George Berkeley
1685년 - 1753년

나중에 아일랜드 클라인의 주교가 되는 조지 버클리는 **관념론**의 대표적인 인물이었다. 말하자면 그는 어떤 물질적 대상도 우리와 독립적으로 존재하지 않는다고 말했다. 우리는 흔히 물질적인 대상들을 지각하는 것처럼 말하지만 우리는 그것들을 지각하지 않는다. 버클리는 우리가 지각하는 것이 우리의 관념들과 감각들이라고 지적했다. 우리는 그런 과정의 바깥에 또는 그런 과정을 넘어 물질적 대상들이 있다고 확신할 수 없다.

내가 어떤 탁자를 지각할 때 내가 가진 것은 정신적인 감각, 즉 어떤 탁자에 대한 관념이다. 나에게는 3차원 공간에 펼쳐진 어떤 물질적 대상이 그런 지각을 일으켰다는 직접적 증거가 없다. 내가 가진 것은 오직 사물들에 대한 감각적 인상들, 즉 그것들의 상(像), 소리, 맛, 촉감, 냄새이다. 나는 이 인상들을 모두 탁자에 대한 관념 속에 연합시킨다. 이것이 버클리가 **'존재하는 것은 지각되는 것이다'**(esse est percipi)라고 말한 이유이다.

지각되고 있지 않을 때는 물체들이 존재하지 않는 것인가? 내가 서재 문을 닫을 때 탁자는 사라지는가? 혹은 내가 안뜰에서 떠날 때 나무의 존재는 없어지는가? 이에 대하여 버클리는 다음과 같이 말한다: '나는 내가 글을 쓰는 탁자가 존재한다고 말할 것이다, 말하자면 나는 그것을 눈으로 보고 느낀다. 그리고 내가 서재를 떠났다 해도 나는 그것이 존재한다고 말해야 할 것이다. 이는 만약 내가 서재 안에 있다면 나는 그것을 지각할 수 있을 것이고, 그렇지 않으면 어떤 다른 정신이 그것을 지각하고 있음에 틀림없다는 의미이다.' 버클리 자신은 **신이 사물들을 계속 지각하고 있기 때문에 다른 아무도 지각하고 있지 않을 때에도 그 사물들은 계속 존재한다**는 견해에 의지하고 있었다. 그러나 이런 논변으로 무신론자들을 설득할 수는 없다.

비록 버클리의 견해가 우리의 감각을 통하여 접근할 수 있으며 우리가 없더라도 계속해서 존재할 물질적 세계가 있다는 상식적 견해와 충돌한다고 해도, 그의 견해는 모순이 없고 논박될 수도 없다. 우리의 관념들은 그것들이 나타내는 물리적 대상들과 유사하다고 가정하는 사람들에게, 버클리는 한 관념은 오직 또 다른 관념과 유사할 뿐이라고 대답했다. 더 나아가 그는 다음과 같이 말했다: '두 사물들은 그것들이 비교되기까지는 유사하다거나 다르다고 말해질 수 없다.' 우리는 하나의 관념과 그 관념이 나타낸다고 가정되는 대상을 비교할 수 없다. 왜냐하면 우리는 그 대상을 직접적으로 인식할 수 없기 때문이다.

버클리는 유럽이 수명을 다했고 미래는 아메리카 대륙에 놓여 있다고 생각했다. 그는 버뮤다에 대학을 설립하려고 했으나 자금을 확보하지 못했다. 캘리포니아 대학교는 그에 대한 경의의 표현으로 버클리라고 개명했다. 그러나 그는 또한 타르-물(tar-water)의 치료효과를 역설한 것으로도 유명하다.

45. 찰스 바롱 드 몽테스키외
Charles, Baron de Montesquieu
1689년 - 1755년

바롱 드 몽테스키외만큼 역사에 대단한 영향을 미친 정치철학자는 별로 많지 않다. 미국 헌법을 읽는 것은 몽테스키외의 생각을 큰 소리로 듣는 것과 다를 바 없다.

몽테스키외는 부유한 귀족 집안 출신이었다. 그는 부자와 결혼했고 자기 아저씨의 재산과 작위를 물려받았기에, 생계를 위하여 돈을 벌 필요가 전혀 없었다. 그는 유럽 곳곳을 여행하면서 문화와 정치체제의 현저한 차이에 주목했고, 특히 영국의 입헌군주제를 칭찬했다.

문학계의 절찬을 받은 그의 《페르시아인의 편지》(1721년)는 두 사람의 가상적 페르시아인 방문객을 통하여 유럽인의 습관에 대한 익살스러운 소견을 말하고 있다. 이런 비웃음의 근거는 사람들이 다른 사람의 시각에서 자신을 바라보지 못하여 자기인식의 어려움을 깨닫지 못한다는 사실에 있다.

《로마의 흥망성쇠》(1734년)에서 몽테스키외의 연구는 부분적으로 로마는 좋지 못한 정부체제의 모델이라는 경고를 담고 있다. 그는 《법의 정신》(1748년)에서 더 나은 모델을 제공했다. 이 책은 서로 다른 유형의 정치체제를 검토하고 통치의 서로 다른 부문들이 상호 견제와 균형을 이루는 권력분립(權力分立)을 도입했다.

일정한 집합의 법률을 선호하는 대신, 몽테스키외는 법률이 지리와 산업과 관행을 비롯하여 사회가 처한 상황을 고려해야 한다고 말했다.

유토피아적 이상주의를 피하면서도, 그는 대부분의 국가들은 보다 자유
주의적이고 인간적인 법률을 가질 수 있으며, '**모든 불필요한 처벌은 폭
압**'이라고 생각했다.

　그는 세 가지 유형의 정체를 검토했다. 명예의 원칙에 의하여 지배되
는 군주정치, 시민적 덕성에 의하여 지배되는 공화정치, 공포에 의하여
지배되는 전제정치. 통치자의 변덕에 좌우되는 전제정치와 달리, 군주정
치는 확립된 법률에 의하여 지배한다. 그는 민주정치에서는 시민들이 자
기이익과 국가이익을 동일시하는 교육을 받아야 한다고 말했다.

　몽테스키외의 가장 혁신적인 부분은 권한의 분할에 있다. 그는 **권한을
행정부, 입법부, 사법부로 분할하고, 그것들이 분리되면서도 서로 의존해야
한다**고 역설했다. 행정부는 입법부가 만든 법령을 거부할 권한을 가져야
하며, 입법부는 양원으로 나뉘어 각각은 다른 원(院)에서 만들어지는 법
률을 중지시킬 수 있어야 한다. 사법부는 행정부와 입법부 모두로부터
독립되어 있어야 한다.

　몽테스키외의 현대적인 호소력은 무역이 여러 국가들 스스로를 부유
하게 만들 수 있는 가장 합법적인 방법인 동시에 유해한 편견들을 치료
하기 위한 방책이라는 견해에 의하여 더욱 높아진다. 하지만 기후가 성
품을 결정하기에 남쪽 나라의 국민들은 무기력하고 게으르고, 북쪽 나라
의 국민들은 딱딱하고 차가운 반면에 온화한 프랑스가 최고라는 그의 견
해는 별로 오래가지 못했다.

46. 볼테르 Voltaire(본명 François-Marie Arouet)
1694년 – 1778년

볼테르는 18세기 유럽 계몽운동의 화신이었다. 그는 문필로 생계를 꾸리면서, 시·수필·희곡·소설과 (2만 편의) 편지를 작성했다. 볼테르에게 불만을 품은 귀족 청년이 귀족을 편드는 사법부의 권한을 이용하여 그를 3년 동안 추방시켰고, 그는 영국으로 갔다. 그는 존 로크와 같은 주요 사상가들과 더불어 영국의 시민적 자유와 입헌 정부를 극구 칭찬했다. 프랑스로 돌아온 그는 영국과 비교하여 프랑스를 날카롭게 비판하는《영국인에 대한 철학적 편지》(1734년)를 출판했다.

그 이후로 그는 기본적 자유와 종교적 관용과 자유무역을 추진하는 데 일생을 바쳤다. 실제로 그가 한 말은 아니나, **나는 당신의 말에는 동의하지 않지만 당신이 자신을 표현할 권리는 죽을 때까지 옹호하겠다**는 유명한 말은 사실상 언론의 자유에 대한 그의 평생에 걸친 태도를 요약한다. 그는 '파렴치한 것들을 무찌르자'(Ecrasez l´infame)라고 하면서, 귀족들이 향유해온 부당한 권력과 교회가 조장해온 미신과 편협을 타도하자고 촉구했다.

바스티유 감옥에 있었던 기간도 그를 침묵게 하지는 못했다. 그는 계속 유럽의 구질서를 특징짓는 억압에 대항하여 지식인들의 공격을 주도하면서, 뉴턴과 로크의 자유주의 사상을 지지했다. 그의 가장 유명한 책《캉디드》는 18세기에 일어난 전쟁과 지진 같은 재난들을 열거하면서, 모든 이들에게 '모든 가능한 세계들 가운데 최상의 세계인 이곳에서는 모든 것이 최상이다' 라고 말하는 라이프니츠를 무책임한 사람으로 풍자한 팡글로스 박사와 싸운다. 기독교도라기보다는 이신론자(理神論者)인 볼테르 자신은 교회에 대하여 회의적이었으며, 생각의 자유를 억누르기 위하여 성서를 이용하는 것을 공격했다. 그는 **'당신에게 어리석은 것을 믿게 만들 수 있는 사람들은 당신에게 잔학행위를 범하게 만들 수도 있다'** 고 주장했다.

여러 계몽운동 인물들과 마찬가지로 볼테르는 여러 분야에 재능을 갖고 있었기에, 문학 작품뿐만 아니라 역사와 과학에 관한 논문도 출판했다. 그는 (익명으로) 《철학사전》(1764년)을 출판하여, 교회가 수행하는 광신적 행위와 억압에 반대하는 논거를 설명하고 관용과 언론의 자유에 대하여 칭찬했다. 이 책 자체는 간결하고 작았다. 왜냐하면 그는 사람들이 혁명을 위한 포켓사이즈 안내서로서 그것을 휴대하고 다니길 원했기 때문이다.

그의 사상에는 미신의 덫에 빠지는 것을 피하기 위하여 참된 이성을 깨닫는 것이 중요하다는 생각이 스며 있다. 그는 당대의 탐구적이고 속박되지 않은 정신을 인류가 마침내 어둠과 야만의 사슬을 끊는 것으로 묘사했다. 그래서 그에게는 포부에 찬 마음들이 무지와 독단의 구속에서 벗어날 희망의 등대였다.

47. 벤저민 프랭클린 Benjamin Franklin
1706년 - 1790년

프랭클린은 박학다식한 18세기 사람의 전형으로 그가 관여한 다양한 사업에서 성공을 거두어 어느 사업에서든 괜찮은 직업을 얻을 수 있었다. 다른 분야에서 명성을 얻은 한참 후에도 그는 자신을 인쇄공이라고 불렀다. 왜냐하면 인쇄업이 그의 출발점이었기 때문이다. 10세에 학교교육을 마치자 그는 인쇄 견습공으로 자기 형에게 보내졌고, 그다음에는 필라델피아에서 출판업자이자 신문 편집인이 되었다.

그는 《가난한 리처드의 연감》(1733년부터)의 출판으로 명성을 얻게 되었다. 이 책은 미국 식민지 개척자들이 새로운 나라에서 황무지를 경작하고 집을 짓고 생활을 해나가는 데 유용한 조언 및 단편적 지식과 더불어, 날씨와 작물관리에 관한 유용한 정보로 가득 차 있었다. 프랭클린은 자신의 검소의 도덕을 반영하는 서민적 철학으로 이 책을 채웠다. 연감은 해마다 1만 부씩 팔려나갔고 그를 부자로 만들어주었다.

그의 부유함은 그가 과학적 실험과 발명을 실행할 수 있게 해주었다. 그는 전기를 연구하면서, 연을 띄워 구름에 있는 전하를 모음으로써 번개가 전기를 띠고 있다고 사실을 입증했다. 그는 결코 번개가 자신의 연을 때리게 하지 않았지만, 다른 사람들은 그렇게 하다가 죽음을 당했다. 프랭클린은 보다 조심스럽게 피뢰침을 발명했다. 또한 그는 틈나는 대로 이중초점 안경과 유리 하모니카, 그리고 자신의 이름을 딴 효율적 금속 난로를 발명했다.

　그는 결코 자신의 발명품에 대하여 특권을 신청하지 않았다. 왜냐하면 공공선과 시민적 덕성은 그가 자신의 동료들에게 촉구했던 자질들의 목록에서 매우 높은 위치를 차지하고 있었기 때문이다. 그는 단체를 설립하여 미국 최초의 관외 대출을 허용하는 공공도서관과 최초의 소방서를 시작했고 도시 개선사업을 강력히 추진했다. 그가 받은 장로교 가정교육은 검소, 근면, 자제, 의무감 등의 덕목을 포함하는 도덕성을 그에게 심어주었다. 이 덕들은 그가 다른 사람들에게도 권했던 것들이다. 그는 민주적 시민이 스스로 유지하고 번영하길 원했다. 또한 그는 권위주의를 거부하면서, 당시에 영국 하원에서 미움을 받았던 인지세법에⁺ 반대하는 입장을 표명했다.

　그는 미국 독립을 확보하는 데 중요한 역할을 담당했다. 그는 사절단으로 프랑스에 가서 독립전쟁에서 프랑스의 지원을 얻기 위하여 자신의 좋은 평판과 외교술을 이용했다. 그는 독립선언문을 기초한 다섯 사람들 중의 하나로, 제퍼슨이 쓴 '신성하고 부정할 수 없는' 진리라는 표현을 '자명한' 진리라는 표현으로 바꿨다.

　프랭클린은 계몽주의의 과학적이고 관용적인 사고방식을 이신론(理神論)으로 발달한 영국 비국교도(Non-conformist)의 가정교육에서 전해진 도덕적 덕목들과 결합시켰다. 그의 메시지는 **오직 덕을 갖춘 시민만이 나라를 유지하고 행복을 이룰 수 있다는** 것이었다. 그리고 프랭클린 자신이 그 메시지의 본보기였다.

48. 데이비드 흄 David Hume
1711년 – 1776년

베스트셀러 저서인《영국사》로 명성을 얻은 데이비드 흄은 오늘날 막강한 영향력을 가진 철학자로 추앙받고 있다. 그는 조심하느라고 논란을 일으킬만한 저서를 익명이나 사후에 출판했지만, 암묵적인 무신론적 경향 때문에 에든버러 대학과 글래스고 대학의 철학과 학과장 직위를 차지하지 못했다.

흄의《인간 본성에 관한 논고》(1739년)는 인간의 마음을 과학적으로 연구한 저서로서, 몇 개의 단순한 원리들로부터 출발한다. 우리는 우리의 감각으로부터 활기차고 생생한 인상들을 얻는다. 그리고 그 인상들로부터 그것들보다는 덜 생생한 관념들을 얻는다. 흄은 이외에 지식의 다른 원천이 있다고 인정하지 않는다. 그는 우리의 심리적 인상들이 실재하는 외부 대상들을 표상한다는 생각을 받아들이지 않는다. 그는 심리적 인상들이 실재하는 외부 대상들을 표상하는지 않는지를 우리는 알 수 없다고 말한다. 왜냐하면 그 인상들과 비교할 실재하는 대상들에 대하여 아무런 지식을 가질 수 없기 때문이다.

흄은 어떤 '궁극적' 실재에 대하여 탐구하기보다는 실험과 관찰에 바탕을 둔 자연주의적이고 비(非)형이상학적인 이론을 전개한다. 그는 이성에 대하여 회의적이다. 우리가 실재하는 대상들의 존재를 가정하게 만드는 것은 이성이 아니라 습관이다. 그러나 회의주의는 우리의 삶에 도움이 될 수는 없다. 실천적 목적에서 우리는 우리의 감각이 실재하는 대상들에 대하여 말해준다고 가정한다.

흄이 표현한 대로, 《인간 본성에 관한 논고》는 '인쇄기에서 사산(死産)되었다.' 그러나 나중에 그는 여기서 전개한 사상을 손질하여 보다 성공을 거둔 《인간 오성의 탐구》(1748년)로 다시 내놓는다. 흄은 귀납추리가 이성이 아니라 어제 일어났던 일이 내일도 일어나리라는 근거 없는 가정에 바탕을 둔 본능에서 시작한다고 말한다. **우리는 과거의 경험을 미래로 투사하지만, 그것들 사이에 합리적 연관성은 없다.**

그의 인과관계에 대한 설명도 유사하다. 우리가 한 사건이 다른 사건을 일으킨다고 생각하게 만드는 것은 단지 사건들의 '항상적인 결합'이다. 어떤 이성의 실도 그 사건들을 서로 연결하지 않는다. 하지만 다시 연구실 너머의 세상에서는 우리는 인과관계를 가정한다. 왜냐하면 그것이 우리에게 도움이 되기 때문이다.

윤리학에서 그는 **이성을 '정념의 노예'로 좌천**시킨다. 우리에게 어떻게 행동할지를 말해주는 것은 이성일지 모르나, 우리에게 행동을 지시하는 것은 정념이다. 흄은 도덕이 기술적(記述的)인 진술로부터 도출될 수 있다는 것을 인정하지 않았다. 왜냐하면 그것은 '~이다'와 '~이 아니다'라는 진술로부터 '~해야 한다'와 '~해서는 안 된다'라는 진술로 옮겨가는 것을 — 입증되지 않은 새로운 관계를 — 수반할 것이기 때문이다.*

흄의 사후에 나온 《자연종교에 관한 대화》(1779년)은 설계논증에 반대한다.** 우리는 결과로부터 원인을 도출할 수 없으며, 오직 하나의 우주만이 움직이고 있을 뿐이다. 시계를 보면서 우리가 그 시계를 만든 사람이 있을 것이라고 가정하는 이유는 우리가 시계 제조공이 시계를 만드는 것을 보아왔기 때문이다. 우리는 결코 어떤 이가 우주를 만드는 장면을 본 적이 없다. 기적에 대하여 그가 첨부한 글에서, 흄은 사람들이 주

장하는 기적들 자체를 믿느니 목격자들의 '어리석음이나 속임수'라고
믿는 편이 더 쉬울 것이라고 말한다.

+ 역자주: '~이다'(is)로 끝나는 존재 혹은 사실에 대한 기술로부터 '~해야 한다'
(ought)와 같은 규범적 명령을 끌어낼 수 없음을 소위 '존재-당위의 간격'(is-ought
gap)이라 한다. 윤리학자들은 예컨대 '아프리카의 어린이들이 굶어 죽어가고 있다'라는
사실의 진술로부터 '아프리카의 어린이들을 도와야 한다'는 당위 혹은 규범의 진술을 직
접적으로 끌어내는 것이 가능한가에 대하여 오랫동안 논쟁을 펼쳐왔다.

++ 역자주: '설계논증'(the argument from design)이란 18세기 칼라일의 주교였던 윌
리엄 페일리(Wiliiam Paley)가 제시한 우주의 창조론을 옹호하는 유비논증이다. 그가 제
시한 논증은 대략 다음과 같다. '사막을 걷다가 시계를 하나 발견했다고 하자. 그것이 우
연히 생겨난 것이라고 생각하는 사람은 없을 것이다. 시계는 매우 복잡하고 정교한 기계
로서 누군가 지성을 가진 존재에 의해서 설계된 것, 즉 만들어진 것이라고밖에는 생각할
수 없다. 그런데 우주는 시계와 비교도 되지 않을 만큼 복잡하고도 정교한 기계이다. 어
떻게 보면 시계의 정확한 작동도 우주에 존재하는 놀라운 규칙성의 반영일 뿐이다. 그러
므로 우주가 우연히 발생했다고 생각하기는 어렵다. 누군가 지성을 가진 존재에 의해서
설계되었다고 생각하는 것이 합당하다.'

49. 장-자크 루소 Jean-Jacques Rousseau
1712년 – 1778년

장-자크 루소의 생애는 계몽운동 시기와 일치한다. 그러나 그의 연구는 계몽운동의 가치의 상당부분에 대하여 이의를 제기한다. 그래서 일부 사람들은 그를 반(反)계몽주의자 혹은 초기 낭만주의자로 묘사한다.

스위스에서 태어난 루소의 어머니는 출산 직후에 사망했고, 그는 아버지에게도 버림을 받았다. 혼외정사와 여러 사생아에다 과대망상증까지, 그의 사생활은 불안정했다.[+] 그는 자신을 돌봐준 모든 사람들, 심지어 데이비드 흄과도 불화를 일으켰다.

그는 '과학과 예술의 부흥이 도덕을 순화하는 데 도움이 되었는가?'라는 주제에 대한 논문 공모전에 참가하여, 디드로(Denis Diderot)의 《백과전서》에 음악에 대한 글을 실었다. 여기서 루소의 대답은 그의 전체적인 철학적 견해를 미리 보여주었다. 《과학과 예술에 대한 담론》(1750년)에서 그는 자연상태에 있는 원시인의 타고난 선함이 문명화에 의하여 타락하게 되었다는 견해를 취한다.

그의 논문이 수상을 하게 되었고, 《인간 불평등 기원론》(1755년)과 《사회계약론》(1762년)이 뒤따라 나왔다. 홉스와 로크를 따라서, 루소는 사회 이전의 원시적 상태에 있는 인간을 상상한다. 루소의 상상한 그림은 '고귀한 야만인'(noble savage)이라 불렸으며, 초기의 인간을 자유롭고 타락하지 않고 평화를 좋아하고 오직 자기보존과 동료에 대한 동정심에 의하여 움직이는 존재로 묘사한다. 그는 '**인간은 자유롭게 태어났지만**

어디서나 사슬에 묶여 있다'고 말한다.

농업과 초기 제조업의 발달은 인간이 가치를 축적할 수 있게 해주었다. 그런데 이것은 사유재산과 불평등, 그리고 루소가 생각하기에 이것들에서 생겨난 게으름, 사치, 허영 같은 악덕을 초래했다. 예술과 과학은 사람들을 애국심, 우정, 불행한 사람에 대한 배려 같은 진정한 가치로부터 눈 돌리게 만든다. 루소는 고대 스파르타인들이 군인다운 용기를 강조하면서 그들이 예술과 문학을 금지한 것을 칭찬했던 반면, 고대 아테네인들의 예술적·지적 생산물을 비난했다.

루소는 우리가 이제 와서 자연으로 돌아가는 것은 불가능하다고 생각한다. 그래서 그는 현재의 타락한 사회로부터 유덕한 삶을 고려하는 사회로 옮겨가고자 한다. 그는 시민들이 대표자들을 통해서가 아니라 직접 법을 만드는 고전적 공화주의를 지지한다. 개인이 소유한 자유와 사회이익을 위한 '일반의지'(general will) 사이에는 긴장이 있고, **'일반의지'에 따르지 않는 사람들은 '자유롭도록 강제해야'** 한다.**++**

《에밀》(1762년)에서 루소는 한 소년을 위한 이상적 교육에 대하여 말한다. 12살까지는 자연동물처럼 살게 내버려두고, 그런 다음에는 이성을 계발하고 16세까지는 기술을 배우게 한다. 비록 루소는 자기 자식들을 고아원에 버렸지만, 어린이를 자연스럽게 발달하도록 내버려둬야 한다는 생각은 진보적 교육에 엄청난 영향을 미쳤다. 루소의 정치적 견해도 큰 영향을 미쳤는데, 이후 프랑스혁명에 참여했던 많은 사람들이 그의 견해를 인용했다.

+ 역자주: 루소는 다섯 명의 자식들을 모두 고아원에 내다버렸다고 전해진다. 이에 대하여 그는 자신과 같은 아버지 밑에서 자라는 것보다 더 나았을 것이라고 변명하지만, 1700년대 유럽의 고아원에 보내진 아이들의 생존율은 극히 희박했다. 이런 인물이 《에밀》에서 아이의 이상적 교육에 대하여 이야기하는 것은 아이러니가 아닐 수 없다.

++ 역자주: 이 말은 루소의 독창적 자유 개념에서 나온 것이며, 칸트와 존 롤즈에게 지대한 영향을 미친다. 루소에게 진정한 자유는 단순히 간섭으로부터 해방이라는 소극적 자유(negative freedom)가 아니라, 스스로 정한 법에 따르는 자율(autonomy) 혹은 적극적 자유(positive freedom)이다. 따라서 개인의지를 실현하는 일반의지, 일반의지에 따라서 맺어진 사회계약, 사회계약을 통해서 수립된 국가, 그리고 국가를 성립하는 법과 제도를 따르는 것이 진정한 자유인 셈이다. 이런 맥락에서 일반의지를 따르지 않는 사람들은 진정한 자유를 깨닫지 못한 사람들이고, 그들이 '자유롭도록 강제해야' 한다는 말은 일반의지를 따르는 것이 진정한 자유임을 깨닫게 해야 한다는 뜻으로 이해할 수 있다.

50. 드니 디드로 Denis Diderot
1713년 - 1784년

볼테르·루소와 더불어, 디드로는 18세기 계몽운동을 펼친 위대한 프랑스 지식인들 가운데 한 사람이다. 특히 프랑스에서는 철학자들과 작가들이 귀족과 성직자의 억압적 권위에 대항하는 운동을 주도했다. 그 운동은 프랑스혁명과 구체제의 전복에서 절정에 이르렀다. **지식과 이성이 인간의 마음을 해방시켜준다**는 것이 계몽주의 사고의 중심이었으며, 디드로의 공헌은 모든 기록상의 정보를 수집하여 29권의 방대한 《백과전서》로 출판했다는 것이다. 이 작업을 위하여 그는 자기 인생의 20년을 소모했다.

교회나 법조계에서 직업을 구하는 대신 작가가 되기로 결심한 디드로는 사회적 인정을 받거나 경제적 안정을 얻기 어렵다는 사실을 느꼈다. 그의 첫 단독 저서인 《철학적 사유》(1746년)는 반기독교적인 암시를 담고 있다는 이유로 파리고등법원에 의하여 불태워졌다. 그러나 이 책은 유럽 지식인들에게 그의 이름을 알리는 데 도움이 되었다. 그의 《맹인에 관한 서한》(1749년)은 우리의 감각이 우리의 관념에 어떻게 영향을 미치는가에 대한 로크의 견해를 다뤘으며, 맹인들에게 촉각으로 읽는 것을 가르치는 방법을 미리 보여주었다.

그의 위대한 작품은 《백과전서》이었다. 그것은 《체임버스 백과사전》을 프랑스어로 번역하는 것에서 시작되었지만, 곧 그 자체의 신선함을 띠게 되었다. 디드로는 이 책을 모든 지식의 일람표로 만들자고 출판사를 설득했다. 이것은 하나의 정치적 행위였다. 왜냐하면 이 책은 여전히 전권을 지닌 성직자와 귀족의 지배하에 놓여 있는 세상에서 자기향상과 사회진보를 가능하게 만드는 것을 목표로 삼았기 때문이다. 이 책의 목표는 지식을 전파하여 '일반적인 사고방식을 바꾸는 것'이었으며, 그렇게 함으로써 그것은 권력을 가진 사람들의 지배력에 도전했다. 이 책은 볼테르, 제퍼슨, 프랭클린 등을 비롯하여 당시 많은 계몽주의 사상가들의 기고문을 끌어들였다.

1751년《백과전서》제1권이 출판된 후, 당국은 이 프로젝트에 호의적이지 않았다. 1752년 제2권이 출판되자, 법원은 프로젝트를 중지시켰다. 그럼에도 출판은 계속되었다. 1759년 이 프로젝트는 공식적으로 금지되었고, 책의 출판은 비밀리에 진행되었다. 수년간 쉴 새 없이 괴롭히고 경찰이 습격했지만, 디드로는 끈질기게 출판을 계속했다. 이 책의 출판은 그에게 재정적 보답을 주지 않았다. 그나마 디드로가 재정적 안정을 얻었던 것은 러시아의 예카테리나 2세로부터 받은 봉급과 그녀의 도서관에서 책을 사준 덕분이었다.

디드로는 '국민의 이익이 정부의 중대한 목적이어야 한다'는 급진적 견해를 취했다. 그리고 그는《백과전서》를 통하여 인간의 상태를 향상시킴에 있어서 생각과 표현의 자유, 그리고 과학과 산업의 중요성에 대한 계몽주의적 사상을 장려하였다.

51. 아담 퍼거슨 Adam Ferguson
1723년 - 1816년

아담 퍼거슨은 스코틀랜드 계몽운동을 일으킨 18세기 후반의 유력하고 독창적인 스코틀랜드 사상가들의 집단에 속한다. 동시대 사람인 데이비드 흄과 아담 스미스와 마찬가지로, 퍼거슨은 유럽을 여행하면서 당시 주요 지식인들을 두루 만났다. 그는 첫 직업이었던 블랙와치 연대의 군목(軍牧)을 포기하고 변호사 서사가 되었다가 결국 에든버러 대학의 교수가 되었다.

그는 에드워드 기번(Edward Gibbon)의 책보다 여러 해 앞서서 로마 제국 쇠망의 역사에 대한 글을 썼고, 드디어는 《도덕과 정치학의 원리》에서 자신의 강연을 출판했다. 그러나 중요한 통찰을 통하여 지속적인 영향을 미친 작품은 그가 흄의 의견에 대항하기 위하여 출판했던 《시민사회론》(1767년)이었다.

퍼거슨은 사회학의 창시자로 간주된다. 왜냐하면 그는 인간은 사회적 생물로 다루었기 때문이다. 그는 가상적 '자연상태'로부터 사회의 기원을 추측하지 않는다. 또한 그는 지금까지 어떤 '사회계약'이 있었다고 가정하지도 않는다. 퍼거슨의 설명은 실제적 인간 경험에 단단히 뿌리박고 있다. 그는 '사회의 힘들은 철학 시대 이전에 인간의 사색이 아니라 본능에서 일어난다'고 말한다. 그는 인간이 행복을 추구할 뿐만 아니라 타인에게 행사할 권력을 다툰다고 관찰한다.

퍼거슨은 인간들은 사회적 상호작용을 통하여 조화를 이루기는커녕 인간들 서로의 관계는 분화와 충돌로 이어졌다고 말한다. 그리고 이 관계들은 생물학적 유전에 의한 것이 아닌 인간의 사회적·문화적 진보를 추진하는 데 이바지하였다. 필요에 의하여 생겨난 영향들, 습관을 통하여 생겨난 영향들, 그리고 가족과 사회의 영향들을 비롯하여, 여러 가지 영향들이 인간을 모양 짓는 데 일조한다.

퍼거슨의 가장 독창적인 의견들 중 하나는 인간 사회는 계획된 것이 아니라 저절로 생겨났다는 것이다. '국가들은 우연히 설립된 것들로서, 확실히 인간 행동의 결과물이지만 인간의 어떤 계획을 실행한 결과물은 아니다.' 20세기에 와서 자생적 질서에 대한 이런 논지를 받아들인 하이에크(Friedrich Hayek)는 소위 '과학적 사회주의'라는 입장에 반대하는 문화적 진화를 주장했다.

그러나 퍼거슨은 또 다른 사람들에게도 영향을 미쳤다. 노동의 분화가 생산성의 증가로 이어진다는 그의 견해는 아담 스미스의 사상의 전조(前兆)가 되었다. 생산성의 증가가 다시 사회의 층화로 이어지고 반복적 단순작업은 하층민의 지위를 떨어뜨릴 것이라는 그의 믿음은 마르크스의 생각에 영향을 미쳤다. 퍼커슨은 상업의 확장에 대한 자신의 비관론을 '소수의 지위가 높아지면 반드시 다수의 지위가 낮아질 것이다'라고 표현했다.

52. 아담 스미스 Adam Smith
1723년 – 1790년

근대 경제학의 아버지로 추앙받는 아담 스미스는 그가 살던 시대에는 도덕철학자로 유명했다. 파란만장한 삶을 살았던 당시의 많은 계몽주의자들과 달리, 스미스는 매우 조용한 삶을 살았다. 어렸을 때 잠시 집시들에게 납치되었던 것이 그의 인생에서 가장 강렬한 사건들 중 하나로 꼽힌다. 그는 얼빠진 행동을 했던 교수의 전형으로, 생각에 빠져 빵과 버터를 찻잔에 집어넣거나 잠옷 차림으로 15마일을 돌아다녔다.

그는 《도덕감정론》(1759년)에서 인간의 가장 특징적인 면은 다른 동료들에 대한 '동정'이라는 생각을 내놓았다. 이는 현대의 말로 '공감'에 더 가깝다. 왜냐하면 스미스는 **가장 고귀한 사람에서 가장 천박한 사람에 이르기까지 우리 모두는 단지 인간이라는 이유로 타인들의 기쁨에 쾌락을 느끼고 그들의 고통에 슬픔을 느낀다고** 주장했기 때문이다.

우리는 올바르게 행동한다고 생각되길 바라지만, 아무래도 남의 잘못보다는 자신의 잘못에 더 관대하다. 하지만 스미스가 말하기를, 마치 우리 마음속에 우리 자신보다 우리를 더 엄격하게 평가하는 '공평한 관찰자'라도 있는 듯이, 우리는 다른 사람들이 우리에 대하여 어떻게 생각하는지를 짐작한다. 이것이 우리의 행동에 제약을 준다.

이 책으로 스미스는 명성을 얻음과 더불어 버클루(Buccleugh) 공작 아들의 개인교사로 임용되어 그의 유럽여행에 동행하게 된다. 10년 동안 스미스는 유럽의 중요 지식인들과 만나고 다양한 산업과 상업을 관찰하면서 적은 내용이 《국부론》(1776년)이 된다. 그것은 경제적 사고를 변화시켰다.

다른 사람들은 부(富)가 고정된 것이라고 생각하였고, 그래서 국가들은 가능하면 더 적은 부를 내주고 더 많은 부를 축적하려 했다. 스미스는 주로 분업과 교역에 의하여 부가 창출되는 방식을 보여줌으로써 이런 생각에 반대했다. 혼자선 하루에 20개의 핀을 만들 수 있는 핀 제작자는 서로 다른 작업으로 분화된 9명의 동료와 함께 하루에 48,000개의 핀을 만들 수 있다. 한 가족은 전문 제빵업자와 정육업자로부터 물건을 구입함으로써 온갖 것을 직접 만드는 것보다 더 많은 가치를 얻을 수 있다. 국가에 대해서도 마찬가지다. 우리는 '열벽과 온실을 이용하여' 포도를 기르고 벤네비스 산*에서 와인을 만들 수도 있지만, 차라리 프랑스 와인을 사먹는 편이 비용이 덜 들것이다.

스미스는 우리는 모두 자기이익에 관심을 갖는다고 말한다 — 이는 나쁜 의미에서 이기적이라는 뜻이 아니라 합법적으로 자신의 이익을 추구한다는 뜻이다. **우리는 다른 사람들이 원하는 재화와 서비스를 생산함으로써 자신의 이익을 추구하며, 그 과정에서 '마치 보이지 않는 손에 의하여' 다른 사람들을 돕게 된다.** 스미스는 정부에 대하여 회의적이었다. 왜냐하면 사람들은 그들의 이익을 추구함에 있어서 정부보다 더 나으며 그들 자신의 돈을 덜 낭비할 것이기 때문이다.

✣ 역자주: 벤네비스(Ben Nevis) 산은 스코틀랜드 중서부에 있는 산으로 1,343m로 브리튼 섬에서 가장 높은 산이다.

53. 임마누엘 칸트 Immanuel Kant
1724년 – 1804년

임마누엘 칸트는 자기 인생의 대부분을 쾨니히스베르크 있는 대학에서 보냈으며, 그곳에서 50마일 이상 나가지 않았다. 그럼에도 그의 영향력은 세계를 가로질러 널리 퍼졌으며, 이후 사상가들에게 영향을 미쳤다. 그는 지식이 관찰을 통해서만 얻어진다고 주장하는 경험주의와 지식은 경험 이전의 관념들에 근거한 연역을 통해서 얻어진다고 주장하는 합리주의를 종합함으로써 '철학에서 코페르니쿠스적 전환'을 가져왔다고 말해진다.

《순수이성비판》(1781년)에서 출판된 칸트의 위대한 통찰은 인간의 마음은 외부로부터 관찰의 결과들이 쏟아지는 '빈 서판'(blank slate)이 아니라는 것이다. 차라리 인간의 마음은 그것이 지각한 정보를 가공함으로써 지식의 획득에 참여하는 활동적 행위자이다. 이는 세계에 대한 우리의 지식이 우리 마음의 구조에 달려 있다는 것을 의미한다. 공간과 시간 같은 관념들은 우리를 초월한 우주에는 존재하지 않는다. 그것들은 우리가 받아들인 정보에 대한 우리의 해석 방식이다. 칸트가 말하기를, '우리 경험의 내용은 감각에서 주어진 것이고, 그것의 형식은 마음에 의하여 주어진 것이다.'

정의(定義)에 의하여 참인 진술들과 관찰에 의하여 검증될 수 있는 진술들에 덧붙여, 칸트는 경험의 세계와 독립된 실재, 즉 '물자체(物自體)'의 세계를 구성하는, 선천적이고 종합적인 진리들을 제안했다.[+] 우리는 이 실재[물자체]를 영원히 알 수 없다. 왜냐하면 우리는 오직 우리의 마음과 감각으로만 사물을 파악할 수 있으며, 우리의 지식은 감각적 세계에 국한되기 때문이다. 우리의 마음은 우리의 경험을 매개한다. 우리가 지각하고 숙고하는 방식은 하나의 구조를 가지고 있으며, 이 구조는 우리가 사물들을 해석하는 방식을 지배한다. 마음이 세계를 창조하는 것은 아니나 세계가 보이게 되는 방식을 설정한다.

칸트는 두 가지 것들, **'내 위에 별이 반짝이는 하늘과 내 안에 있는 도덕법'**에 대하여 존경심과 경외심을 가진다. 그는 실재의 본성과 인간의 도덕성은 모두 이성 안에 기초를 두고 있다고 생각한다. 칸트에게 도덕법은 자연법칙과 같은 것이며, 양자는 모순되지 않는다. 왜냐하면 도덕법과 자연법은 모두 우리의 마음이 [감각] 정보에 질서를 부여하는 방식에서 생겨나기 때문이다.

《도덕 형이상학의 정초》(1785년)에서, 칸트는 최고의 도덕법, 즉 그가 '정언명법'이라고 부르는 것을 밝힌다. 그것은 **우리는 모든 사람을 다른 사람의 목적을 위한 수단이 아니라 그 자체로 목적으로 대우해야 한다**는 것이다. 우리 자신의 도덕적 행위는 우리가 보편적인 원칙처럼 적용된다고 받아들일 각오가 된 행위여야 한다.

칸트는 자신의 인생에서도 상당한 자제력을 보여주었다. 그의 규칙적인 일정표는 매우 정확하여, 사람들이 그가 매일 산책하는 것을 보며 자신들의 시계를 맞췄다고 한다.

＋ 역자주: '정의에 의하여 참인 진술'을 또한 '분석명제'(analytic proposition)이라고도

부르는데, '공은 둥글다'와 같이 주어 개념('공')에 술어 개념('둥굴다')이 포함되어 있어서, 우리에게 아무런 새로운 지식도 제공하지 않는 명제를 가리킨다. 이에 비하여 '종합명제'(synthetic proposition)는 '공은 황색이다'와 같이 주어 개념에 포함되지 않은 술어 개념을 덧붙여 우리에게 주어 개념에 대한 새로운 지식을 전달하는 명제이다. 그리고 '관찰에 의하여 검증될 수 있는 진술'은 후천적인 경험에 의하여 진실 여부를 확인할 수 있는 명제를 가리키며 '후천적 명제'(a posteriori proposition)라고도 한다. 이에 비하여 칸트는 '2+5=7' 같은 수학적 명제, '직선은 두 점 사이의 최단 거리이다' 같은 기하학적 명제는 '선천적 명제'(a priori proposition), 즉 우리가 후천적 경험에 의존하지 않고도 그것들이 참임을 알 수 있는 명제라고 생각했다. 그런데 칸트 이전의 학자들은 이런 수학적 명제와 기하학적 명제는 선천적이면서 분석적인 명제라고 보았으며, 선천적이면서 종합적인 명제는 있을 수 없다고 보았다. 이에 비하여 칸트는 선천적이면서도 종합적인 명제가 있을 수 있다고 생각했으며, 바로 이런 수학적 명제와 기하학적 명제는 선천적이면서 종합적인, 말하자면 뭔가 내용을 갖는 확장판단이라고 보았다.

54. 에드먼드 버크 Edmund Burke
1729년 - 1797년

에드먼드 버크는 근대 보수주의의 창시자이며 가장 유창한 달변의 옹호자였다고 인정된다. 더블린에서 태어난 버크는 잉글랜드로 이주하여 18세기 후반의 정치적 사건들에서 경력을 쌓았다. 그는 결코 자신의 철학을 체계적인 방식으로 전하지는 않았지만, 그의 철학은 저술과 연설에 스며 있다.

계몽과 이성의 정신이 널리 퍼져 나가고 오랜 전통들이 공격을 받던 시대에, 버크는 사회의 전통과 관행 속에 얽혀 있는 지혜가 있으며, 오래 유지되어온 사회는 존중할만한 가치를 담고 있다는 견해를 취했다. 그는 **'많은 사색가들은 일반적인 선입관들을 논파하는 대신 그것들 안에 퍼져 있는 숨겨진 지혜를 발견하기 위하여 총명함을 사용한다'** 고 말했다.

그는 실용주의적인 근거에서 미국의 독립혁명을 지지하면서, 이것을 영국 정부의 침탈에 대항하는 기존 방식들을 변호하는 것이라고 보았다. 〈미국에 대한 과세〉와 〈미국과의 연합〉이라는 연설에서, 그는 자신이 생각하기에 어리석은 방식으로 법적인 권리를 내세우는 영(英)제국 정부에 대하여 제재를 가할 것을 촉구했다. 그는 정부가 권리의 주장이 아니라 협력의 실행이며 조직의 정밀함보다는 실효성을 강조해야 한다고 보았다.

프랑스혁명에 대한 그의 반응은 달랐으며 아주 냉담했다. 그는 프랑스혁명에서 사람들은 사회를 찢어버리고 추상적인 원리로부터 새로운 사회를 창조하려 한다고 생각했다. 그의 《프랑스혁명에 대한 고찰》은 전반적으로 낙관적인 견해가 지배하던 혁명 초기인 1790년에 출판되었다. 그러나 그는 프랑스혁명을 비난하면서, 그것이 무차별 폭력과 살육으로 이어질 것이라고 예언했다. 과격한 발언으로 비난을 받았지만, 이 책은 프랑스혁명이 학살과 공포와 혼란으로 빠져든 사건들로 인하여 어느 정도 정당함이 입증되었다. 프랑스 지식계급과 달리, 버크는 **'우리는 인간이 각자 자신의 개인적 몫의 이성에 기초하여 살아가고 교류하게 하는 것이 걱정스럽다. 왜냐하면 개인이 가진 이 몫은 적으리라고 생각되기 때문이다'**라고 말했다. 그는 사회의 과거뿐만 아니라 현재의 일반적인 지혜에 의존하는 편이 더 낫다고 주장했다.

버크의 책은 토마스 페인(Thomas Paine)의 《인간의 권리》를 비롯하여 엄청난 반응을 끌어들였다. 토마스 페인은 이 책에서 사회가 물려받은 전통보다는 이성적 원칙들에 기초를 두어야 한다는 견해를 옹호하는 또 다른 설명을 제시했다. 이것은 진보에 대한 조심스러운 견해로 이후의 많은 사람들에게 영향을 미쳤다. 버크 자신의 정치 경력은 성공을 거두지 못했다. 그는 정치 경력의 대부분을 재야에서 보냈으며, 인도의 초대 총독이었던 워렌 헤이스팅스(Warren Hastings)에⁺ 대한 실패한 탄핵에서 그가 수행했던 역할에 의하여 좌우되었다. 그러나 그의 저술들은 보수주의의 원리에 대한 설득력 있는 불후의 표현을 제공해준다.

⁺ 역자주: 워렌 헤이스팅스(Warren Hastings: 1732년 – 1818년)는 영국의 정치인으로, 1773년 초대 인도 총독의 자리에 올라 인도를 영국 영토로 빼앗는데 성공하였다. 또한 인도에서 프랑스와 결탁한 반영(反英) 세력의 침공을 무찌르고, 행정·재정의 개혁을 단행

하여 영국의 인도 지배의 기초를 굳혔다. 그러나 매우 가혹한 통치와 부패가 막심하여 1785년에 사직했다. 귀국 후 의회에 소환되어 1788년부터 장기간에 걸친 심리를 받았으나, 결국 1795년 무죄로 풀려났다. 말년에는 추밀원 고문관을 지냈다.

55. 토마스 제퍼슨 Thomas Jefferson
1743년 – 1826년

토마스 제퍼슨은 매우 많은 분야의 교육을 받았고 재능을 가졌었기에, 그는 어느 분야에서든 명성을 얻을 수도 있었다. 그는 미국 독립선언문의 저자이며 제3대 대통령으로 기억되고 있지만, 또한 18세기 계몽주의의 탐구정신을 대표하는 인물이었다. 그는 정치가였을 뿐만 아니라, 건축가이자 고고학자, 농부이자 원예가, 발명가이자 저술가였다. 그는 라틴어, 그리스어, 프랑스어, 심지어 스코트족의 게일어도 유창하게 구사했다. 몬티첼로(Monticello)에 있는 그의 저택은 그의 활동적이고 다방면에 걸친 지식을 맛보여준다. 49명의 노벨상 수상자들을 접대하는 연회에서, 케네디 대통령은 이렇게 말했다. '제 생각에 오늘처럼 탁월한 재능들과 지성들이 한 자리에 모인 것은 백악관 역사상 처음 있는 일이 아닐까 싶습니다 — 다만 토머스 제퍼슨이 이곳에서 혼자 식사했을 때를 제외하고 말입니다.'

제퍼슨의 정치철학은 자유에 기초를 두었는데, 자유는 다시 그가 신이 모든 사람에게 부여했다고 생각한 자연권(自然權)에 의거한다. 그 자신의 종교적 견해는 당시의 지식계급 사이에서 유행하던 이신론의 한 형태이다. 그는 모든 종교적 억압과 열광에 강하게 반대하면서, 한 서한에서 **'나는 인간의 마음에 대한 어떤 형태의 폭압에도 영원히 맞서 싸울 것을 신의 제단 앞에서 맹세했다'** 고 적었다. 그는 교회와 국가의 분리를 강하게 지지했다.

자유에 대한 그의 견해는 단순하다. 자유는 다른 사람들이 달리 행동하는 것을 방해하지 않는 한에서 자신이 원하는 대로 행동하는 것이다. 그는 정부를 의심의 눈으로 바라보면서, 정부가 국민을 돕기보다는 그들의 자원을 낭비할 가능성이 더 높다고 생각했다. 그는 또한 금융계를 신용하지 않았으며, 재정가와 은행가에 대하여 거칠게 비난했다. 그가 생각한 이상적 시민은 독립적 자작농이었다. 노예제도를 싫어했고 그것을 제한하기 위한 공적 활동을 펼쳤지만, 그 자신은 여느 지주들과 마찬가지로 노예를 소유하고 있었다.

그는 자신의 생각에 영향을 미친 사람으로서 베이컨과 뉴턴과 더불어 로크를 꼽았다. 그는 정부는 국민과 통치자 사이의 계약이라는 로크의 견해를 취했다. 정부가 자유를 파괴할 수도 있지만, **자유는 정부가 부여해주는 것이 아니라 하나의 권리이다.** 정부의 정당한 권한은 피치자(被治者)들의 합의에서 나온다. 이 합의는 상호적인 절차이다. 그리고 비록 법률이 자유를 뒷받침해줄 힘을 가졌다지만, 그것은 흔히 정의의 표현이 아니라 전제군주의 의지였다. 제퍼슨은 사람들이 법률과는 별개로 타고난 도덕감을 가졌다고 생각했다.

제퍼슨은 원래 프랑스혁명과 그 혁명의 권리선언을 지지했지만, 그것의 과도한 폭력과 공포를 개탄하고 그것이 독재정권으로 전락한 것을 혐오했다.

56. 요한 헤르더 Johann Herder
1744년 – 1803년

요한 헤르더는 사고에 있어서 언어의 역할에 대한 연구를 개척했으며, 혁신적인 역사철학을 발전시켰다. 그러나 그는 민족주의의 뿌리를 탐구한 반(反)계몽주의 인물이라는 점에서 훨씬 더 큰 중요성과 영향력을 가졌다.

그는 의대에 입학했으나 수술이나 해부를 할 때마다 기절해서 결국 신학으로 전공을 바꿨다. 그는 언어에 대한 경험적 연구를 수행하여 자신의 유력한 저서인 《언어의 기원에 대하여》(1772년)를 출판했다. 이 책은 이성과 언어를 동일시하고 사고와 내적 언어를 동일시한 최초의 저서이다. 헤르더에게, **언어는 이성의 기원이며 우리의 사고를 지배한다.** 그가 말한 바에 따르면, 어린이들은 약하고 그래서 어른의 보호 아래에 있는 동안 언어를 배우고 그 언어를 가지고 자기 문화의 가치와 사고방식을 배우고 사회 집단에 참여할 수 있게 된다.

헤르더는 언어가 우리를 동물과 구별해준다고 말한다. 언어는 입이 아니라 영혼에서 나오는 것이다. 시(詩)와 더불어, 언어는 신의 섭리로 주어진 선물이라기보다 인간 본성에서 나온 것이다. 지식은 오직 언어를 통해서만 가능하다. 헤르더는 '슈트름 운트 드랑'(Sturm und Drang, 질풍노도)이라는 문학운동에 동참하여,[+] 독일인들로 하여금 지금까지 과소평가되어온 자신들의 언어를 자랑스럽게 여기고 자신들의 기원에 자부심을 가지라고 가르쳤다. 그는 '시인은 자신을 둘러싼 민족의 창조자이다' 라고 말한다.

《인류의 역사철학에 대한 이념》(1784~91년)에서 표현된 헤르더의 역사철학은 역사에서 일반적 유형이나 역사적 순환을 찾지 않으며, 각 시대의 분위기를 결정한 특징적 성격과 문화만을 관찰한다. 그에게는 개인의 발전이란 가족과 공동체를 통하여 국가의 발전으로 올라가며, 각 국가는 그 자체의 독특한 가치를 가진 유형을 만들어낸다. 헤르더는 중앙집권주의와 제국주의를 싫어한다. 왜냐하면 이것들은 각자의 발전을 왜곡하기 때문이다.

그는 민족성을 정치적 경계선이 아니라 공통의 문화로 정의하면서, 그 민족의 언어뿐만 아니라 예술·음악·신화를 포함한 민족 정체성의 기원을 탐구한다. 그림 형제는++ 그로부터 영감을 받아 독일의 민간전승 이야기들을 수집했으며, 헤르더 자신은 민속음악 선집을 편찬했다.

헤르더는 인간성이 이성과 감정으로 나뉜다는 관념을 거부한다. 대신 그는 이성과 감정이 동일한 본성을 가진 부분들처럼 상호작용하고, 이로부터 원초적 감정들이 이성으로 발전한다고 주장했다. 그런 공유된 감정에서 생겨난 '민족' (volk)은 그저 보통 사람들이 아니라 귀족을 포함한 그 민족의 체현(體現)이다.

바이마르에서 성공을 거둔 인물인 헤르더의 사상은 젊은 괴테와 독일 문학, 그리고 그후에 헤겔과 니체의 사상뿐만 아니라 민족주의에 대한 현대의 연구에도 영향을 미쳤다.

+ 역자주: '슈트름 운트 드랑' (Strurm und Drang)은 '질풍(疾風)과 노도(怒濤)'로 번역

된다. 이 명칭의 유래는 F. 클링거의 동명 희곡(1776년)에서 온 것이다. J. 헤르더를 지
도자로 하여 계몽주의 사조에 반항하면서 감정의 해방, 독창, 천재를 부르짖은 이 젊은이
들에 의한 운동은 사회적 기반이 결여되어 있었던 까닭으로 그 영역은 문학 분야에만 한
정된 채 단기간에 소멸되는 길을 걸었다. '슈트름 운트 드랑' 문학운동의 주요한 장르는
시와 희곡이었으며, 작가로는 괴테, 실러, J. 렌츠, 클링거, 바그너, F. 뮐러 등을 들 수 있
다. 이 시기의 대표적인 작품으로 괴테의《젊은 베르테르의 슬픔》(1774년), 실러의《군도
(群盜)》(1781년),《간계와 사랑》(1774년)이 있다.

++ 역자주: 그림 형제는 독일의 야코프 그림(Jacob Grimm)과 빌헬름 그림(Wilhelm
Grimm)을 말한다. 두 형제는 모두 언어학을 전공했고, 함께 여러 편의 동화를 썼다. 독
일 민간전승의 이야기들을 수집하여 편집한《그림동화》로 유명하다.

벤담은 12살에 대학에 들어가서 16살에 졸업했다. 그는 변호사 자격을 취득했지만 개업을 하지 않았고, 대신 법률문제에 관한 글을 쓰는 것을 더 좋아했다. 그는 합리적 계산을 윤리학 연구에 적용했고, 가장 엄밀한 공리주의자들 중 한 사람으로 인식되었다. 그의 저서 《도덕과 입법의 원칙 서설》에서 지지된 학설은 우리가 오늘날 '유용성'(utility)이라고 부르는 것과는 별 관계가 없다. 대신에 그 학설은 어떤 행동을 야기한 동기(motive)가 아니라 그 행동이 가져온 결과의 관점에서 그 행동을 옳은 행동 혹은 그른 행동으로 간주한다.

더 구체적으로 말해서, 벤담은 어떤 행동이 쾌락을 가져온다면 그 행동은 좋은 행동이고 그것이 고통을 가져온다면 나쁜 행동이라고 주장했다. **더 많은 쾌락 혹은 더 많은 사람들에게 쾌락을 가져온다면 그 행동은 더 좋은 행동이며, 가장 좋은 행동은 최대 다수에게 최대 행복을 가져오는 행동**이다. 벤담은 이것을 '최대 행복 원칙'이라고 일컬었다. 그는 우리가 가장 광범위하고 가장 많은 쾌락의 잔여량을 얻으려고 애써야 한다고 말했다.[+]

벤담은 우리 모두는 자기 자신의 쾌락을 추구하지만, 우리가 다른 사람들에게 행복을 가져다주는 행동을 하도록 하고 다른 사람들이 자기 자신의 행복을 추구하는 것을 방해하지 못하도록 하려면 법이 필요하다고 말했다. 그는 이 문제에 대하여 매우 민주적이었다. 어떤 집단의 행복이 다른 집단의 행복보다 더 중요하지 않다. 도리어 그는 '각자는 모두 하나로 간주되고 누구도 하나 이상으로 간주되지 않기'를 원했다.

그는 어떤 쾌락이 다른 쾌락보다 '더 고상'하거나 더 가치 있는 쾌락일 수 있다는 생각에도 공감하지 않았다. 그래서 그는 '쾌락의 양이 같다면, 푸쉬킨은 시(詩)만큼 좋은 것'이라고 주장했다.++ 비판가들은 특히 서로 다른 사람들 안에 있는 행복의 양을 측정할 단위는 없으며, 벤담의 체계에 따르면 어떤 사람들에게 고통을 가하는 것이 다른 사람들에게 더 많은 쾌락을 가져올 경우 그런 행동이 허용될 수 있다고 지적했다. 또한 그의 윤리학에는 정의감이 존재하지 않는다. 사람들은 설령 어떤 것들이 더 큰 행복을 가져올 수 있다 해도 그것들이 그릇된 것이라고 느낀다.

벤담은 모든 사람이 공유하는 자연권이라는 관념을 버렸다. 그는 권리를 당국이 법률을 통하여 부여해주는 것이라고 간주했다. 그는 '자연권은 순전히 난센스다: 자연적이고 불가침한 권리란 수사적 난센스다 ─ 과장된 난센스다'라고 선언했다.

그는 유니버시티 칼리지 런던(University College London)+++의 설립을 배후에서 주도한 사람들 중 하나로 존경받고 있다. 이곳에는 정장을 갖춰 입고 머리는 밀랍으로 만들어진 벤담의 박제상이 건물 입구의 유리 상자에 앉아 있으며, 가끔 대학평의회 모임에 가지고 들어온다.

+ 역자주: '쾌락의 잔여량'(balance of pleasure)은 어떤 상황에서 취할 수 있는 행동이 가져올 쾌락의 양에서 고통의 양을 차감한 나머지를 의미한다. 만약 어떤 상황에서 취할 수 있는 행동 A와 B가 있고, 행동 A가 가져올 쾌락의 잔여량이 행동 B가 가져올 쾌락의

잔여량보다 많다면, 당연히 행동 A를 행하는 것이 옳은 선택이다. 물론 여기서 각각의 행동이 가져올 쾌락이 얼마만큼 많은 사람들에게 나눠질 것인가의 문제는 또 다른 문제이다. 이 문제는 바로 '분배'와 관련된 문제이다. 과연 벤담이 쾌락을 '최대 다수'(the greatest number)에게 분배하는 문제에 관심을 가졌었는가 하는 의문이 자주 제기되었고, 최근까지도 공리주의를 비판할 때 자주 거론되는 핵심 문제들 중 하나이다.

※※ 역자주: '푸쉬핀'(push-pin)은 각 게임자가 다른 게임자의 핀을 가로질러 자신의 핀을 밀고나가는 게임으로, 영국 어린이들이 1500년대부터 1800년대까지 즐겼던 게임으로 알려져 있다.

※※※ 역자주: 유니버시티 칼리지 런던(University College London)은 런던에 위치한 50여 개 대학과 대학원의 연합체인 런던 대학교(The University of London)의 대학들 중 하나로 영국의 공립 연구중심 대학이다.

58. 빌헬름 헤겔 Wilhelm Hegel
1770년 - 1831년

게오르크 빌헬름 프리드리히 헤겔은 '정신', 즉 보편적 의식에 기초를 둔 거대한 철학 체계를 만들었다는 점에서 독일관념론의 절정으로 간주된다. 나폴레옹이 예나(Jena)를 침략하는 바람에 그의 직업 경력은 중단되었지만, 헤겔은 신문 편집인으로 일하다 교장이 되었고 마침내 베를린 대학교의 교수가 되어 유럽 전역으로부터 그를 존경하는 학생들을 끌어들였다.

헤겔의 철학체계는 실재의 근본 구조는 우리 자신의 사고 구조로부터 이해되어야 한다고 가정한다. 왜냐하면 실재 자체가 이성적이기 때문이다. 더 나아가 헤겔은 우리가 논리적 진리에 도달하게 되는 과정은 실재가 진보하는 과정과 동일해야 한다고 가정한다.

양자 모두의 경우에 관건은 변증법이다. 《정신현상학》(1806년)과 《대논리학》(1812년)에서 주어진 헤겔의 이론은 **우리의 사고는 3단계의 과정에 의하여 진보한다**는 것이다. '**정립**'(thesis)에서 출발하여 우리는 그것의 반대인 '**반정립**'(anti-thesis)을 생각해내게 되고, 그 정립과 반정립의 충돌로부터 '**종합**'(synthesis)이 나타난다. 이 종합은 다음 3단계를 위한 새로운 정립을 제공한다. 그가 제시한 예로, 만약 우리가 '존재', 현존하는 특정한 사물들로부터 분리된 관념 그 자체에 대하여 깊이 생각하면, 우리는 스스로가 '무(無)'에 대하여 생각하고 있음을 깨닫게 된다. 정립과 반정립은 '생성'의 개념에서 조화될 수 있다.

이런 3단계를 통하여 진보하는 것은 우리의 논리만이 아니다. 헤겔에 따르면, 역사 자체가 유사한 과정을 통하여 '절대정신'이 자기실현과 자기의식을 위하여 움직이는 것이다. 그는 '**세계사는 바로 자유 의식의 진보일 뿐**'이라고 말한다. 역사의 각 단계는 정립을 구성하고 그것의 반정립에 직면한다. 그리고 그것들의 충돌로부터 생겨난 종합은 더 높은 발전의 단계를 표상한다.

정치적 삶은 가족과 더불어 시작되었다. 그것의 반정립은 가족적 유대가 없는 시민사회이다. 그리고 그 충돌로부터 나타난 종합은 국가이다. 이런 식으로 역사는 충돌로부터 진보해왔고, 매번 더 높은 단계에 도달했다. 역사의 궁극적 목표는 절대정신의 자기인식이다.

역사, 철학, 예술, 종교를 함께 끌어들였다는 점에서 널리 유행했지만, 비판가들은 헤겔이 프러시안 군주국이 절정에 이른 자기 자신의 시대를 역사의 끝으로 보았다고 지적했다. 그는 또한 자기 자신의 통찰이 철학의 절정이라고 보았다.

헤겔은 엄청난 영향을 미쳤다. 그의 변증법에서 '정신'을 제거한 것이 공산주의의 필연적 승리를 예언한 마르크스의 변증법적 유물론이 되었다. 그러나 헤겔은 뜻과 의미에 대한 엄격한 기준을 가진 영미철학의 전통에서는 유럽 대륙철학에서만큼 영향을 미치지 못했다.

59. 아르투르 쇼펜하우어 Arthur Schopenhauer
1788년 - 1860년

데모크리토스가 '웃는 철학자'라는 별명으로 불렸다면, 만족되지 못한 욕망에 괴로워하고 오직 생각 속으로 사라져야만 고통에서 해방되는 음울하고 일그러진 존재를 그린다는 점에서, 쇼펜하우어는 단연 '염세주의 철학자'라는 이름을 얻을만하다. 그의 철학이 엄밀히 말해서 '인생은 가혹하다, 그러니 죽어라'는 식은 아니지만, 그것에 가깝다.

쇼펜하우어의 인생은 불행했다. 아버지의 마음에 들기 위하여 상인이 되었지만, 아버지가 죽자 그는 곧 학구적 삶을 위하여 상인의 길을 접었다. 그는 많은 친구를 가진 여류 문학가인 어머니와도 소원해졌다. 쇼펜하우어는 친구가 전혀 없었다. 그와 잠시 불륜관계를 가졌던 여인들 중 하나가 아이를 낳았지만 그 아이마저 어려서 죽었다. 고독하고 불행했던 그의 비관적 기질은 그의 철학에 스며들어 있다.

그는 의지(意志)의 우선성에 관한 자신의 생각이 서로 다른 철학적 입장들을 통합하고 자신에게 명성을 가져다줄 것으로 기대했다. 그는 일부러 자신의 강의를 헤겔의 강의와 겹치도록 조정했지만, 그가 마주한 것은 텅 빈 강의실이었다. 그래서 그는 가르치는 일을 포기하고 저서의 집필에 집중했다. 이 중 중요한 저서는 《의지와 표상으로서의 세계》(1818년), 《자연 속의 의지에 관하여》(1836년), 《쇼펜하우어 문장론》(1851년) 등이다. 마지막 작품은 잘 쓴 글들과 통찰들의 모음으로 마침내 그에게 명성과 지위를 가져다주었다. 이는 아마도 그의 염세주의가 대중의 분위기와 맞았기 때문일 것이다.

쇼펜하우어는 이성을 거부하고 대신 직관에 호소했다. 증거와 역사를 인용하는 대신, 그의 철학은 내적인 자아에 대한 사람들의 직접적 경험에 주목했다. 그는 칸트로부터 많은 부분을 받아들이면서 칸트가 말한 불가지(不可知)의 '물자체'를 의지, 즉 '우리 앞에 있는 동일하고 불변하는 존재'와 동일시했다. 쇼펜하우어는 의지는 실재이며, 육체는 그것에 대한 경험이라고 말한다. **우리가 우리의 육체라고 지각하는 것은 실제로는 의지이다.**+ 그것은 공간과 시간의 바깥에 있는 보편적 의지이다. 어떤 사람이 자신의 의지를 독립된 것으로 판단하게 만드는 것은 오직 관점일 뿐이다.

러셀은 대부분의 철학자들이 이 보편적 의지를 신과 동일시하고 그것에 따르는 것을 덕이라고 가르쳤다고 적는다. 하지만 쇼펜하우어는 그렇게 하지 않는다. 그는 그것을 투쟁과 좌절, 그리고 성취할 수 없는 목표의 고통과 무익함과 동일시한다. 의지는 아무런 만족도 약속하지 않는다. 그리고 **유일한 쾌락은 고통의 부재이다.** 쇼펜하우어의 대답은 공(空)을 통하여 욕망의 단념을 추구하고 명상을 통하여 자아를 부정하는 동양의 신비주의에 있다.

쇼펜하우어 자신은 결코 욕망을 단념하지 않았다. 그는 맛있는 음식을 즐겼고 성적 내연녀들과 시간을 허비했다. 그는 성질이 불같았다. 그는 늙은 여자 재봉사를 계단 아래로 집어던져 상처를 입힌 후로 생활비를 지불해야 했다. 20년 후에 마침내 그녀가 죽자 그는 그녀의 사망증명서에 우아하지만 냉정한 신소리를 적었다. '그 노파가 죽으니, 부담도 죽네.'

✝ **역자주:** 플라톤과 칸트에서 공통점은 세계를 이데아(물자체)와 현상으로 나눈다는 것이다. 플라톤이 존재론적으로 구분했다면, 칸트는 인식론적으로 파악한 것이 다를 뿐이다. 플라톤과 칸트에 의지하여 쇼펜하우어는 우리의 모든 인식은 오직 세계에 대한 표상일 뿐이라고 보았다. "세계는 나의 표상이다." 이 점에서 그는 칸트와 일치한다. 여기서 '표상'(Vorstellung)이란 '앞에 있는 것', 즉 나의 주체에게 나타난 것을 뜻한다. 그러나 칸트에서는 현상의 배후에 '물자체'가 존재하지만, 쇼펜하우어에서 표상은 의지가 객관적으로 드러난 것이다. 의지는 칸트의 물자체처럼 불가지의 어떤 것이 아니라 모든 현상의 가장 원초적이고 보편적인 본질이다. 세계는 궁극적으로 맹목적이고 비인격적인 의지에 의하여 움직여진다. 우리에게 나타나는 모든 표상은 의지의 발현이다. 우리의 육체도 의지이며, 삶에의 맹목적 의지이다. 치아와 식도는 배고픔이 객관화된 것이고, 생식기는 성적 충동이 객관화된 것이다. 이 세계의 모든 존재는 의지가 그 자신을 객관적으로 드러낸 것일 뿐이다.

60. 메리 셸리 Mary Shelley
1797년 - 1851년

메리 울스톤크래프트 셸리는 그녀가 살았던 시대의 기준에 비추어 놀라울 정도로 자유로운 삶을 살았다. 당시의 대부분의 여성들과 달리 그녀는 자유로운 정신의 소유자였으며, 순종에서 탈피하여 독립적 삶을 살고자하는 여성들의 열망의 모범이 되었다. 여권주의자인 그녀의 어머니, 메리 울스톤크래프트는 그녀를 낳다가 죽었다. 하지만 메리 셸리는 돌아가신 어머니의 작품에서 영향을 받았다.

그녀의 특이한 성장과정에는 그녀의 아버지인 윌리엄 고드윈(William Godwin)의 집에서 당시의 문학계와 과학계의 주요 인물들을 만났다는 점도 포함된다. 이들 중에는 바이런(Byron), 윌리엄 블레이크(William Blake), 퍼시 비시 셸리(Percy Bysshe Shelley)가 있었다. 16살 때에 메리 셸리는 퍼시 비시 셸리와 눈이 맞아 달아나고 사생아로 딸을 낳았지만, 이 아이는 유아기에 죽었다. 퍼시 비시 셸리의 부인이 자살한 후 메리 셸리는 그와 결혼했다.

스위스에서 있었던 한 유명한 연회에서, 바이런은 그녀에게 유령 이야기를 써보라고 요청했다. 이 요청에 대한 그녀의 응답으로 나온 작품이 《프랑켄슈타인: 혹은 현대의 프로메테우스》(1818년)이며, 원래는 짧은 이야기로 시작했지만 소설 분량으로 늘어났다. 이 작품의 강렬한 주제와 생생한 필법은 엄청난 성공을 거두었다. 과학을 이용하여 자신만의 생명체를 만들어냄으로써 신의 생명창조에 도전한 귀족 빅토르 프랑켄

슈타인은 바로 신으로부터 인간에게 불을 가져다준 프로메테우스를 모
방하고 있다.⁺ 정육점과 영안실에서 모아온 신체 부위들을 짜 맞추고 생
명의 스파크를 준다. 메리 셸리는 아버지의 집에서 험프리 데이비(Hum-
phrey Davy) 경이 수행했던 동전기 실험을 보았다. 혐오스럽기는 하지
만 그녀가 그린 괴물은 지적이며 말도 똑똑히 했다. 그러나 그 괴물은 악
해지고, 프랑켄슈타인 자신은 눈 덮인 황무지에서 그 괴물과 맞서다 죽
는다.

비록 일부 사람들은 이 이야기에서 생명탄생의 수수께끼를 보았겠지
만, 이 이야기의 주된 힘은 그것이 계몽주의에 대한 낙관적 입장을 거부
했다는 데 있다. 야만적 공포를 지닌 어둡고 공상적인 이야기로 **지식의
진보가 인간의 상태를 향상시킨다는 가정에 반격**을 가한다. 이 이야기의 설
정과 인물은 인류가 최근에야 그들로부터 해방된 마지막 억압자들을 모
방한다. 그리고 이 이야기에서 과학적 지식은 그것의 자만으로 파멸을
몰고 온다.

비록 《프랑켄슈타인》만큼 유명한 것은 없지만, 메리 셸리는 다른 소
설들도 썼다. 그녀의 종말론적인 이야기 《최후의 인간》(1826년)은 인류
를 전멸시키는 악성 전염병에 대한 이야기로 현대 재난소설을 미리 보여
준다. 그녀 자신의 삶은 비극으로 망가졌다. 세 명의 자녀들이 모두 유아
기에 죽었고, 그녀가 25살 때 남편은 뱃놀이 사고로 익사했다. 당시 사회
집단들로부터 따돌림을 당했음에도, 그녀는 오늘날 많은 영화에서 재가
공된 테마의 소설들을 저술하면서 자신의 힘으로 명성을 쌓았다.

✝ 역자주: 흔히 '프랑켄슈타인'을 괴물의 이름으로 착각하지만, 그것은 괴물을 창조한 사람의 이름이다. 소설 속에서는 그 괴물에게 따로 이름이 주어지지 않았다. 유전자변형 식품을 가리키는 신조어 '프랑켄푸드'가 여기서 나왔다.

61. 오귀스트 콩트 Auguste Comte
1798년 - 1857년

오귀스트 콩트의 유산들 중에는 현대적 의미의 '사회학' (sociology)이라는 낱말과 '실증주의' (positivism)라고 불리는 철학적 접근법이 있다. 프랑스혁명이 발발한 직후에 태어난 콩트 자신은 근대 세계를 설명할 새로운 체제, 말하자면 인류의 미래가 나아갈 길을 가리켜줄 체제를 찾으려했다. 그는 뉴턴이 물리학 분야에서 공식화한 법칙들에 필적할만한, 인간의 사회적 행동에 대한 과학적 설명을 찾고 있었다.

인간의 진보에 대한 콩도르쎄(Nicolas de Condorcet: 1743년-1794년)의 낙관적 견해에서 영감을 받았지만, 콩트 자신의 인생은 불행했다. 여섯 권의 《실증철학강의》(1830-42년)를 저술하는 중에도, 그는 정신장애로 고통을 받았고 여러 차례 정신병원에 입원했다.

그는 세 역사적 단계를 통하여 인간의 발달을 추적했다. 계몽운동이 일어나기 전에 '신학의 시대'가 있었다. 이 시대의 사람들은 자연이 그 자체의 의지를 가졌다고 가정했으며 경솔한 믿음과 미신에 지배당했다. 그다음에 프랑스혁명과 더불어 '형이상학의 시대'가 왔고, 보편적 인권 같은 추상적 관념들이 과거의 믿음들을 대체했다. 마지막으로 '과학의 시대'가 왔고, 이 시대의 사람들은 세계를 지배하는 물리적 법칙들을 이해하게 되었다.

콩트의 실증주의는 **참된 지식은 오직 감각 경험에 대한 합리적 숙고를 통해서만 나오며 이것이 과학이 진보해온 방식이라는 견해**를 취한다. 그는 과학을 세 무리로 나누었다. 천문학과 물리학 같은 무기물(無機物)에 관한 과학, 생물학과 같은 유기물(有機物)에 관한 과학, 마지막으로 사회과학이 있다. 세 번째 무리의 과학에서 그는 '정치학과 윤리학과 종교의 재조직이 시급히 필요하다'고 했다.

그는 역사와 진보에 대한 전반적 해석에서 서로 다른 학문 분야에서의 지적 발달들을 종합했다. 그의 말에 따르면, 사회정학(social statics)은 사회를 유지시키는 힘들을 기술하는 반면, 사회동학(social dynamics)은 사회의 변화를 다룬다. 그의 실증주의는 점점 가톨릭교회의 성직 제도와 유사한 위계질서를 가진 새로운 세속종교의 형태를 띠었지만, 콩트 자신은 보다 합리적이고 과학적 질서를 위한 변화의 필요에서 영감을 얻었다. 그의 정치적 통찰에 따르면, 사업가들과 은행가들이 사회의 경제를 운영하는 반면 사회의 교육과 도덕은 사회과학자들에 의해 결정될 것이다. 그의 생각에 따르면, 민주주의는 오직 지식이 아니라 무지의 지배로 이어질 것이다.

합리적이고 과학적인 질서를 강요하려는 여러 차례의 시도들을 목격했던 현대 세계의 사람들은 어쩌면 그의 후계자들만큼 콩트의 통찰에 공감을 느끼지 못할 것이다. 비록 그는 명성을 얻지 못하고 죽었지만, 실증주의는 수십 년 동안 널리 영향력을 미쳤다. 심지어 '질서와 진보'라는 콩트의 격언은 오늘날 브라질 국기를 장식하고 있다.

62. 프레데릭 바스티아 Frédéric Bastiat
1801년 - 1850년

프레데릭 바스티아는 정치철학과 경제철학에서 혁신적인 인물이었다. 자유시장 및 자유무역과 결합된 개인의 자유에 대한 옹호로 그는 근대 자유지상주의의 초기 주창자가 되었다. 그는 나폴레옹이 전략적 이유에서 무역을 제한했던 대륙봉쇄 정책하에 소년기를 보냈다. 가업(家業)을 잇기 위하여 학교를 떠났을 무렵, 바스티아는 관세와 규제의 결과들을 경험했다.

25살에 조부의 토지를 물려받아 바스티아는 부농(富農)이 되었다. 그러나 작가와 사상가로서의 삶을 살기 위하여 토지의 운영을 다른 사람에게 맡겼다. 그가 논문과 팸플릿에 적은 입장을 보면 정부는 신뢰할만하지 않고, 비효율적이며, 서투른 경제 관리자에다가 조직화된 생산자들의 이해관계에 의하여 너무나 쉽게 공략당하며, 소비자들에게 손실을 가져다준다는 것이다. 그는 '각자 모든 사람이 다른 모든 사람을 희생하여 살아가려고 애쓰는 것은 바로 그 거대한 허구를 통해서이다'라고 말한다.

바스티아의 말에 따르면, **정부는 생명, 자유, 재산을 지켜주기 위하여 존재한다. '신이 준 이 세 가지 선물은 모든 인법(人法)에 앞서며 그것보다 우월하다'**고 그는 말했다. 사람들은 자기이익에 의하여 이기적으로가 아니라 친절하게 행동하려는 동기를 부여받는다. 왜냐하면 자유시장은 사람들 사이에 '경제적 조화'를 가져오기 때문이다. 시장의 기능은 서로 다른 참여자들의 활동을 조정하는 것이라는 그의 견해는 오스트리아학파 경제사상의 전조라고 간주된다. 그는 가치는 주관적이며 자발적인 교환에 의하여 수립된다는 개념을 비롯하여 혁신적인 사상을 전개했다.

그의 첫 논문은 농업에서의 관세가 철폐되어야 하는 반면 제조업에서의 관세는 유지되어야 한다고 요구하는 상인들을 조롱했다. 조롱과 풍자가 그의 무기였다. 그의 《경제적 궤변》(1845년)에는 태양과의 불공정한 경쟁을 막아달라고 정부에 요구하는 프랑스 양초제작자들의 청원이 포함되어 있다. 그는 자유무역협회(Free Trade Association)를 창설하여 여기서 발간하는 주보에 정기적으로 글을 써서 엄청나게 넓은 독자층을 얻었다.

또 다른 작품에서는 초과근무를 하게 하려면 모든 사람의 오른 손을 자르라고 요구했다. 또 다른 작품에서 그는 프랑스와 스페인의 철도를 연결하면 양국의 제조업자들은 수입품에 대한 관세를 요구할 것이라고 지적했다. 그는 양국 정부들이 모든 철도를 파괴하는 편이 더 나을 것이라고 장난스럽게 제안했다. 그의 진지한 입장은 관세가 진보와 기술을 통하여 성취할 이익을 손상시킬 것이라는 것이다. 바스티아는 **정부는 소수를 위한 가시적 이익뿐만 아니라 다수를 위한 보이지 않는 불이익에 주목하면서, 그들의 행동의 즉각적인 결과만이 아니라 더 광범위한 결과를 예견해야 한다고 촉구한다.**

그는 1848년 입법의회 의원으로 선출되었지만 1850년 결핵으로 죽었다. 그해 그의 저서 《법》이 출판되었고, 자유사회의 법률을 설계했다.

63. 루트비히 포이어바흐 Ludwig Feuerbach
1804년 – 1872년

포이어바흐는 원래 성직을 고려했지만, 결국은 평생 종교비판가가 되었고 종교에 대한 매우 유력한 분석을 저술했다. 젊은 시절, 포이어바흐는 헤겔의 영향을 받은 급진주의자들과 합류했고 청년 헤겔학파에서 지도급 회원이 되었다. 역사는 그것의 결말과 완성으로 나아가고 있다는 헤겔의 견해를 받아들여, 그들은 19세기의 제도와 사상은 결국 사라질 운명이라고 생각했다. 포이어바흐는 특히 기독교에 초점을 두었다.

그의 저서 《죽음과 불사에 대한 견해》(1830년)는 개인의 영혼은 불멸이 아니며 그저 보편적인 자연의 일부가 될 것이라는 스피노자의 견해를 표현했다. 포이어바흐는 이 책을 익명으로 출판했지만, 사람들은 그가 이 책을 저술했다는 것을 알고 있었다. 이 책으로 그의 교수직에 대한 희망이 사라져버렸고, 포이어바흐는 자기 아내의 도자기 공장에서 들어오는 수입으로 살아가는 철학자이자 저술가가 되었다.

그의 저서 《기독교의 본질》(1841년)은 센세이션을 일으켰다. 이 책은 유럽의 급진적인 젊은이들에게 영감을 주었고, 다른 누구보다도 칼 마르크스가 종교에 대한 자신의 견해를 형성하는 데 도움을 주었다. 포이어바흐는 사고와 관념의 우선성에 대한 헤겔의 견해를 받아들이지 않았으며, 대신에 우리의 지식은 감각 경험들과 과학으로부터 온다고 말했다. 우리의 감각은 신에 대한 어떤 증거도 주지 않으므로 신에 대한 우리의 개념은 우리의 인간적 상황에서 나온 것임에 틀림없다. 무한한 힘과 사랑을 가진 존재를 만난 적이 없으므로, 신의 자질에 대한 우리의 관념은 인간의 힘과 사랑에 근거를 둔 것임에 틀림없다.

포이어바흐의 말에 따르면, 인간들이 하는 일은 완전성에 대한 자신들의 열망을 상상적인 존재에 투사하는 것이다. 신은 가장 높지만 성취되지 못한 인간의 자질을 나타낸다. 신은 인간이 내적인 본성을 외부로 투사한 것, 말하자면 인간의 열망을 하나의 완벽한 존재로 실현한 것이다. **인간은 자신이 열망하는 것의 형상으로 신을 만든다. 그래서 신은 '인간의 영혼 깊은 곳에 있는 형언할 수 없는 탄식' 이다.**

그의 말에 따르면, 신은 인간의 소망적 사고의 산물일 뿐만 아니라 우리의 관심을 동료들로부터 멀어지게 하여 인간의 발전을 제한하고 방해한다. 만약 자신들이 초자연적 성취를 상상함으로써 세속적 부족함을 메우려 한다는 사실을 깨닫는다면, 인간들은 환상에 빠지는 대신 현생에서의 성취에 전념할 것이다. 인간들은 하늘에서 정의가 실현되리라고 생각하면서 현생에서의 부정의를 인내한다. 그의 말에 따르면, 만약 사회적 여건이 향상된다면 종교적 환상에 대한 필요는 줄어들고 '정치가 우리의 종교가 되게 하자' 고 선언할 것이다.

이런 슬로건은 기독교는 억압자 계급의 도구이며 종교는 세속적 개혁의 필요로부터 주의를 딴 데로 돌리게 하려는 것이라는 마르크스주의 견해를 위한 토대를 놓았다.

64. 존 스튜어트 밀 John Stuart Mill
1806년 - 1873년

존 스튜어트 밀은 그의 아버지로부터 장래에 공리주의 철학의 투사가 되도록 철저한 교육을 받았다. 이 교육은 성공적이었다. 왜냐하면 밀은 19세기 영국에서 가장 저명하고 영향력 있는 철학자가 되었기 때문이다. 어린 시절의 밀은 3살에는 그리스어를 배웠고, 8살에는 라틴어를 배웠고, 10살쯤에는 대부분의 고전을 읽었다. 이것에 대가가 없지는 않았다. 나중에 그는 과거를 회상하며 '나는 소년이었던 적이 없다'고 적었다. 20살에 신경쇠약을 겪은 후로, 그는 워즈워스의 시(詩)가 자신의 회복에 도움이 된다고 느꼈고, 자신의 지적인 측면과 정서적인 측면의 균형을 이루었다.

밀은 영국의 경험주의를 당시에 유행하던 독일 직관주의와 대립시켰다. 그는 《논리학체계》(1843년)에서 진리는 마음 바깥에 있는 세계에 대한 경험에 의하여 얻어져야 하며 시험되어야 한다고 주장했다. 그의 말에 따르면, 진리를 내적인 직관들로부터 끌어내려는 시도는 오직 뿌리 깊은 편견들을 신성시할 뿐이다.

동일한 관심사가 그의 《공리주의》(1863년) 밑에 깔려 있다. 여기서 그는 좋음과 옳음의 외적인 기준을 강조한다. 어린 시절의 은사였던 벤담의 공리주의 전통에 따라서 그는 좋음을 최대 행복과 동일시한다. 하지만 벤담과 달리 밀은 저급한 쾌락과 고상한 쾌락을 구별하면서, 양자의 쾌락에 대하여 알고 있는 사람이라면 반드시 후자를 선택할 것이라고 지적한다.[+] 그는 '**만족한 돼지보다는 불만족한 인간인 편이 낫고, 만족한 바보보다는 불만족한 소크라테스인 편이 낫다**' 고 말한다. 비판가들은 쾌락의 질들 사이에서 선택하는 것은 쾌락의 양과는 다른 어떤 기준을 함축한다고 주장했다.

밀의 《자유론》(1859년)은 자유지상주의에 관한 불후의 고전이 되었다. 이 책은 힘의 유일한 합법적 사용은 다른 사람들에 대한 해악을 방지하는 것이라고 주장한다. 이것만으로 어떤 개인의 행동의 자유에 제약을 가하는 것이 정당화된다. 반면에 '**신체적이든 도덕적이든 그 사람 자신의 좋음이 [그 사람의 행동의 자유를 제한할] 충분한 이유는 아니다.**' 단순히 어떤 행동이 불쾌하다는 것은 충분하지 않다. 그 행동이 신체적 해악 혹은 그런 해악을 끼칠 심각한 위험을 가져와야만 제약이 정당화된다.

개인의 자유에 대한 밀의 옹호는 추상적인 권리가 아니라 그 자유의 결과들로부터 도출된다. 개인의 자유는 사람들이 자신의 개성을 발전시키고 따라서 사회가 이득을 얻게 한다. **만약 각자가 자신의 행복을 추구하면, 그들은 함께 사회 전체의 좋음을 추구할 것이다.** 다수는 반대자들을 억압해서는 안 된다.

자유에 대하여 열정적으로 논하면서, 밀은 '계속적이고 다방면의 발전'을 유럽에 가져다준 것은 다양성이라고 말한다. 그는 언론의 자유에 찬성한다. 왜냐하면 침묵을 강요당한 의견이 옳은 것일 수도 있고, 논쟁은 사람들로 하여금 자신들의 신념을 검토하게 만들기 때문이다. 그는 언론의 자유가 진보를 위한 선행조건이라고 말한다.

밀의 원칙들은 19세기 영국을 특징지은 정치적, 사회적 개혁들을 이끈 제안들을 지지했다.

✝ **역자주:** 벤담과 밀은 모두 쾌락과 행복을 동일시하는 '쾌락주의'(hedonism)의 전통에 있었다. 그러나 벤담은 쾌락의 질보다는 양을 강조했던 반면 밀은 쾌락의 양보다는 질을 강조했다하여, 벤담의 입장은 '양적 쾌락주의'(quantitative hedonism)라 부르고 밀의 입장은 '질적 쾌락주의'(qualitative hedonism)이라 부른다. 흔히 쾌락의 질적 측면에 대한 밀의 고려를 높이 평가하지만, 쾌락의 질이 과연 측정되거나 비교될 수 있는가에 대해서 많은 의문이 제기되었다.

65. 해리엇 테일러 밀 Harriet Taylor Mill
1807년 - 1857년

헤리엇 테일러의 출판된 저작은 극소수였고 그것만으로도 그녀는 중요한 인물이 되었을지 모르나, 주요 분야에서 중대한 인물은 아니었다. 그러나 존 스튜어트 밀의 배우자였다는 점과 그의 저작에 참여했다는 점은 그녀가 보다 넓은 영향력을 미치고 관여할 여지를 주었다.

여자는 가정적인 역할에 순응하리라고 기대되던 시절, 그녀는 여자들에게 선거권을 주고 독립성을 부여해줄 정책들을 옹호했다. 유니테리언 교도인 부모 밑에서 자란 그녀는 18살에 존 테일러와 혼인했지만 이를 후회했다. 4년 후 그녀는 존 스튜어트 밀을 만나 평생에 걸친 인연을 맺었고, 그녀의 첫 남편이 죽자마자 밀과 결혼하여 자신의 마지막 7년을 함께했다.

그녀 자신의 이름으로 나온 글들에서 그녀는 시대를 앞서 가는 여권주의 원칙과 요지를 설명하면서, **가정에서의 남성의 지배가 여성들의 발전을 저해하고 여성들로부터 교육과 발전을 위한 기회를 박탈한다**고 주장했다. 마찬가지로 **정치적 권력의 결여는 남성의 지배를 유지하기 위하여 만들어진 법률들 아래에서 여성들을 노예적인 처지에 가두었다.**

그녀의 에세이 《여성 참정권》(1851년)은 존 스튜어트 밀의 이름으로 출판되었지만,[+] 그는 그녀가 저자임을 시인했다. 이 에세이에서 그녀는 급진적으로 여성의 투표권, 공무담임권, 남성과의 법적 평등권을 요구했다. 그녀는 남성의 지배가 남녀 모두와 사회를 좀먹는 결과를 가져올 것이라고 분석했다.

밀의 《정치경제학의 원칙》(1848년)에서 '노동계급의 예상되는 미래에 대하여'라는 장은 그녀한테서 나온 글이라고 말해지며, 이것은 보편적인 교육의 중요성을 강조하며 궁극적으로 노동자들은 그저 임금 대신에 공동소유권을 획득하려할 것이라고 주장한다. 이것은 산업주인자인 오언(Robert Owen)의 실험처럼 초기 집산주의(collectivism)의 실험들에 대한 그녀의 지지를 반영한다.

밀의 다른 저서에 그녀가 얼마만큼 기여를 했는지는 여전히 논란이 많다. 밀 자신은 그들이 의견을 공유했고 '그들 중 누가 펜을 들었는가'는 별로 중요하지 않다고 썼다. 그러나 일부 비판가들은 밀이 현대인들이 정당하다고 생각하는 것 이상으로 그녀를 추켜세웠다고 말했다. 그의 고전 《자유론》(1859년)에서 그녀에게 헌사를 바치며, 그는 '내가 오랜 세월 저술했던 모든 책들과 마찬가지로, 이 책은 나의 것인 만큼 그녀의 것이다'라고 적었다. 그러나 그녀 자신이 실제로 어떤 말을 보탰을 거라고 추측하는 사람은 거의 없다

그들의 관계는 훌륭한 지적 동반자 관계였다. 그녀는 분명 밀이 발전시키고 설명한 사상에 크게 기여를 했고, 일부 자기 자신의 견해에 대한 밀의 지지를 얻었다. 여성들이 진지한 관심을 받기 위하여 투쟁해야 했던 시대에, 해리엇 테일러 밀은 사상의 발전에 기여를 해냈다.

<hr />

+ 역자주: 여기서 존 스튜어트의 이름으로 출판되었다는 말은 여권주의에 관한 그의 유명한 저서 《여성의 종속》(*The Subjection of Women*, 1869년)에서 출판되었다는 말이다.

밀은 이 책이 그녀와의 공동저작임을 밝히고 있다. 그러나 최근 일부 학자들은 이 책이 존 스튜어트 밀의 단독저작이라고 의견을 제시한다.

66. 찰스 다윈 Charles Darwin
1809년 - 1882년

다윈은 인간을 우주의 중심으로부터 제거하는 작업을 완수한 인물이다. 한편으로 코페르니쿠스는 지구를 우주의 중심으로부터 이동시켰고, 다른 한편으로 뉴턴은 천체와 지구가 동일한 법칙에 따른다는 사실을 보여주었다. 이제 다윈은 인간이 동물과 다르지 않는다는 것을, 말하자면 인간은 동물이라는 것을 보여주었다.

소년 시절 이후로 자연에 관심을 가졌던 다윈은 해부학과 식물분류를 공부하기 위하여 에든버러 대학교에서의 의학 공부에는 소홀했다. 그가 1831년 케임브리지 대학교에서 학위를 받은 그는 로버트 피츠로이(Robert Fitzroy) 선장을 따라 비글호를 타고 5년 동안 세계를 돌면서 다른 서식지에 사는 생물들을 연구할 기회를 갖게 되었다.

항해하는 동안 다윈은 관찰한 생물들의 목록을 만들고 분류했으며, 종종 표본과 기록을 집으로 보냈다. 특히 갈라파고스 군도에서 그는 거기에 서식하는 동물들과 새들이 대륙에 서식하는 것들과 어떻게 다르며 또 섬들마다는 어떻게 다른지를 관찰했다. 그 군도에서 그는 14종의 서로 다른 피리새들이 있다는 것을 관찰했다. 그는 1830년에 출판된 찰스 라이엘(Charles Lyell)의 《지질학 원리》가 대략 수십억 년 전의 화석들을 가리키고 있음을 알았으며, 어떻게 어떤 종들이 다른 종들을 대체했는지를 알고 싶어 했다.

영국으로 돌아온 다윈은 동물들은 항상 환경이 떠받칠 수 있는 것 이

상의 개체들을 재생산한다는 맬서스(Thomas Robert Malthus: 1766년-
1834년)의 비관적인 의견을 접했다. 그렇다면 어떤 개체들이 살아남는
가를 궁금해하다가, 다윈은 결국 **아무리 하찮은 것이라도 장점을 가진 개체
들이 살아남아 새끼를 낳고 그 장점을 새끼들에게 전해줄 것이라고** 생각하게
되었다. 그는 그 생각을 발전시키고 그것에 대한 증거를 문서화하면서
20년의 세월을 보냈고, 그러면서 그는 만일 그가 일찍 죽었다면 1844년
에 출판되었을 기록들을 적어 내려갔다.*

1858년 역시 맬서스의 글을 읽고 다윈과 같은 생각을 발전시킨 러셀
월리스(Russell Wallace)로부터 논문이 나왔다. 다윈과 월리스는 논문의
공동발표에 합의했고, 1859년, 《종의 기원》은 출판되자마자 매진되었다.
한편 다윈은 이 책에서 인간이 이전의 다른 동물로부터 진화했다고 말하
지는 않았다. 그러나 그는 분명 이 책이 '인간의 기원에 대하여 빛을 던
져줄 것이다'라고 말했다. 그리고 그는 마침내 《인간의 계보》(1871년)를
출판했다.

다윈은 종들이 서로를 대체하게 되는 메커니즘을 제공했다. 다윈은
세상이 온갖 형태의 생명체를 갖고 갑자기 생겨났다는 관념을 쉽게 이해
할 수 있는 과정을 통해 세상이 오랜 세월을 발전해왔다는 생각으로 바
꿨다. 나중에 멘델의 유전학에서 종합된, 변이와 자연선택은 인간을 우
주의 자연적인 발전의 한 부분으로 만든다.

중요한 것은 진화론이 새로운 변화의 메커니즘을 제안했다는 것이다.
하나의 상태에서 다른 상태를 갑작스럽게 아마도 급격하게 바뀐다는 생
각을 대체하여, 다윈은 하나가 다른 하나를 서서히 대체하면서 어떻게
변화가 오랜 시간에 걸쳐 점진적으로 일어날 수 있는지를 보여주었다.
진화란 경제와 사회를 비롯한 다른 영역들에서도 작용한다고 보인다.

✝ 역자주: 다윈은 1844년 즈음에 이미 진화에 대한 믿음을 굳혔고 그것에 대한 이론을 완성했지만 일부러 그것의 출판을 미뤄왔다고 말했다. 그러나 그가 출판을 미룬 진정한 이유나 동기에 대해서는 의견이 달라서, 그가 당시의 주변상황을 의식하여 진화에 대한 자신의 믿음을 일부러 숨겼다고 단정할 수는 없다.

67. 피에르 조제프 프루동 Pierre-Joseph Proudhon
1809년 - 1865년

피에르 조제프 프루동은 농민출신이었으나 마르크스보다 더 널리 인정을 받은 19세기 좌파의 가장 유명한 사상가였다. 어렸을 때 그는 소들을 돌봤고, 수업료를 받지 않던 시절에 마을 학교에 입학했던 것이 전부다. 그는 학교에 책을 가져오지 않아 벌을 받았고 책을 전혀 살 수 없어서 친구들에게 빌렸다.

그는 인쇄업에 종사하면서 자신이 작업했던 책들로부터 라틴어, 그리스어, 헤브라이어를 독학했다. 그러나 그가 당시에 유행하던 좌익사상에 빠져들어 자기 자신의 사상을 형성한 것은 1839년 파리로 갔을 때였다.

그는 스스로를 무정부주의자라고 부른 첫 번째 인물이었으며, 그에게 그것은 통치자가 없는 사회를 의미했다. 사람들은 자유에 대한 절대적 권리를 가졌다. 그는 《재산이란 무엇인가?》(1840년) 하는 질문을 던지고, 잘 알려져 있듯이 '재산은 도둑질이다' 라고 대답했다.＊ 그는 재산과 노동을 동일시했다 — 오직 사람들이 생산한 것만이 그들의 재산이었다. 그러므로 자본가들과 지주들은 다른 사람들의 노동의 결과를 '훔쳤다.'

프루동의 무정부주의는 국가에 의한 통치뿐만 아니라 자본가들과 성직자들에 의한 통치도 거부했다. 이 모두는 부당한 억압의 원천들이었다. '자본주의가 노동에, 국가가 자유에, 그리고 교회가 정신에 어떤 상처를 입히는가.' 그것들이 합심하여 민중에게 가한 억압은 '민중의 육체와 의지와 이성을 노예로 만들었다.'

프루동은 사회주의자들과 공산주의자들의 국유화 요구를 거부하면서, 사람들이 스스로 생산한 것을 가질 권리를 제외하고는 어떠한 소유권도 지지하지 않았다. 그는 토지와 생산수단의 소유권을 부여하여 사회에 권력을 주는 것보다는 농장 노동자와 기술공이 자신의 집과 작업도구를 소유하는 '실사용자 소유권'을 선택했다. 이것은 실제로 소규모의 소유권이며, 이를 유지하기 위한 체제를 그는 '상호부조주의'(mutualism)라고 불렀다.

그는 마르크스가 요구한 폭력적 혁명을 거부했으며, **폭력적 혁명은 평화롭게 일어나야 할 사회의 변화를 '심각하게 손상시킬' 것**이라고 믿었다. 노동자들은 노동조합을 통하여 생산수단을 얻어야 하고, 농부들은 서로 거래하는 협력단체들을 통하여 토지를 얻어야 한다. 그는 그런 자유로운 공동생활체들의 연합이 국가를 대체해야 하며, 이 제안들은 바쿠닌에게 강한 영향을 미쳤다. 그의 저서 《빈곤의 철학》(1846년)은 그를 절망적으로 순진하다고 생각했던 마르크스의 반론 《철학의 빈곤》을 끌어냈다.

프루동은 당시에 지배력을 넓혀나가기 시작했고 마르크스가 주목했던 산업사회보다는 농부들과 기술공들의 소규모 집단을 선호했다는 점에서, 그의 제안들은 자신의 성장배경을 반영한다.

프루동은 네 개의 신문에 논쟁적인 문체로 글을 썼다. 그는 '인민은행'을 세우려다 실패했지만, 1848년 입법의회의 의원으로 선출되었다.

+ **역자주**: 프루동은 부의 불공정한 분배가 사회적 악의 근원이라고 생각했다. 현존하는 소유관계와 분업, 화폐체계는 자본가에게는 점증하는 부를, 노동자에게는 물질적·정신

적 궁핍을 안겨준다는 것이다. 그러나 그가 소유 자체를 송두리째 부정한 것은 아니다. 다만 자신의 노동으로 생긴 재산이 아니면 그것은 비도덕적이며 궁극적으로 노동자들에 대한 '도둑질'이라는 것이다. 그가 지향한 사회는 자신의 노동수단을 자유롭게 사용할 수 있다는 의미에서 자유롭고 주권을 갖는 소생산자들의 사회이다. 이 사회에서 생산자들은 각자의 노동과 공정한 교환을 통하여 사회정의와 자유, '동등한 소유'를 누릴 수 있다. 이 사회는 철저히 분권적인 연방구조를 지님으로써 독재체제의 성립을 불가능하게 만든다. 이런 자율적 사회의 귀결은 국가의 소멸, 즉 '무정부' 상태이다.

68. 쇠렌 키르케고르 Søren Kierkegaard
1813년 - 1855년

쇠렌 키르케고르는 실존주의의 아버지였다. 또한 그는 죄책감으로 고뇌하고 자신감을 상실한 사상가의 원형이었다. 그의 부유한 아버지는 공상적 게임으로 자녀의 상상력을 길러주었지만, 자신은 음울하고 죄책감에 시달렸으며 자신의 고백으로 아들에게 충격을 주었다.

키르케고르는 처음에 신학을 공부했지만 철학과 문학으로 바꿨다. 그의 글의 대부분은 강렬한 열정의 폭발 속에서 저술된 것으로서, 흔히 헤겔을 비판하고 인생이 어떤 지적인 단계에서 설명될 수 있다는 견해를 비판했다. 이와 반대로 키르케고르는 인생은 오직 개개인이 살아봄으로써 경험되고 이해될 수 있는 것이라고 적었다. **'인생은 해결될 문제가 아니라 경험될 현실이다.'**

때로는 평범한 쾌락주의자의 자세를 취하면서, 키르케고르는 자신의 책들에 스며 있는 내적인 우울함을 숨겼다. 그는 여러 책들을 익명으로 썼지만, 모든 사람이 그가 썼음을 알고 있었기 때문에, 자신의 정체를 숨기기 위해서는 아니었다. 이것은 다른 삶의 방식을 강조하기 위한 것이었다.

《이것이냐 저것이냐》(1843년)에서 그는 두 수준의 삶을, 즉 심미적 삶과 윤리적 삶을 (나중에 세 번째 종교적 삶을 추가된다) 대조시킨다. 심미적 삶은 감각적이고 지적이고 육체적인 일시적 쾌락에 중심을 둔다. 윤리적 사람은 도덕성과 영원한 삶에 중심을 둔다. **어떤 사람이 심미적 방**

식의 삶은 공포와 절망으로 이어진다는 것을 이해할 때, 그는 윤리적 방식의
삶을 선택할 수 있다.

《불안의 개념》(1844년)에서 그가 말하는 '공포'는 실존주의의 핵심에
있다. 그것은 어떤 사람이 자신의 선택의 자유와 그것에 따르는 책임에
대하여 생각할 때 경험하게 되는 불안한 마음이다. 그것은 어떤 사람이
'신앙의 도약'을 통하여 윤리적이고 종교적인 삶으로 나아가기 위하여
필요한 것이다. 키르케고르는 신의 존재를 증명할 증거는 없다고 생각한
다. 실로 기독교는 역설들을 포함하고 있으며 인간에게는 이해가 불가능
하고 어리석은 것처럼 보인다. 예를 들어 아브라함이 자기 아들을 제물
로 내놓은 것과 같은 신앙의 도약만이 어떤 사람을 종교적인 확신과 신
의 의지에 대한 무조건적 복종으로 이끌 수 있다.

기발한 제목의 《철학적 단편에 대한 결론적인 비과학적 후기》(1846
년)에서 키르케고르는 '정신과학'에 대한 헤겔주의 사상을 공격했다. 그
는 실존을 논리적으로 또는 객관적으로 기술할 수 없으며, 어떤 사람의
삶에 대한 진리는 개념적으로 발견되지 않는다고 적는다. 그것은 선택된
진리이다. 헤겔이 '실재하는 것은 이성적이며, 이성적인 것이 실재한다'
고 적었다면, 키르케고르는 '주관성이 진리이며, 진리가 주관성이다'라고
적는다.

인간 실존의 최고 임무는 자기 자신이 되는 것이라고 믿으면서, 그는
'문제는 나에게 진리인 진리를 찾는 것, 즉 내가 그것을 위하여 살고 죽을 수
있는 그런 이념을 찾는 것이다'라고 적었다.

69. 미하일 바쿠닌 Mikhail Bakunin
1814년 - 1876년

미하일 바쿠닌은 종종 19세기의 다재다능한 방랑 혁명가처럼 보인다. 드레스덴 봉기, 프라하 봉기, 이탈리아혁명 운동, 파리코뮌을 비롯하여 그가 참여하지 않거나 지지하지 않는 혁명은 거의 없다. 바쿠닌 자신은 무정부주의자로서 가장 두드러진 무정부주의 이론가였으며, 모든 정부를 반대했다.

러시아 지주의 아들로 태어난 바쿠닌은 21살에 철학을 공부하기 위하여 군장교직을 사임하고, 권위적인 정부, 계급사회 질서, 자본주의 경제 체제를 전복하길 원하는 유럽전역 지식인들의 운동에 일원이 되었다. 별로 놀랄 일은 아니지만, 마침내 러시아 황제의 요원들에게 체포되어 그는 러시아 감옥과 시베리아 강제노동 수용소에서 10년간 보내다가 아메리카를 거쳐서 유럽으로 달아났다.

출판된 저작들 중에서 가장 잘 알려진 것은 그의 인생의 마지막 6년 동안 저술된 두 권, 《국가주의와 무정부》(1873년)와 《신과 국가》(1871년)이다. 이 책들에서 그는 우리 자신의 개인적 본성에 의하여 결정된 것을 제외하고는 모든 형태의 권위에 대한 자신의 거부를 표명했다. 중요한 것은 이런 거부에 잠정적인 사회주의 정부도 포함된다는 것이다. 바쿠닌은 사회주의로 자본주의를 대체하려는 제1인터내셔널에 합류했지만, 공공연하게 주동자들 중 한 사람인 칼 마르크스와 논쟁을 벌였다. 바쿠닌은 마르크스의 '프롤레타리아 독재'가 또 다른 형태의 전제정치라며 거부했다. 그는 '만약 당신이 가장 열성적인 혁명가를 골라 그에게 절대 권력을 부여한다면, 1년 안에 그는 러시아 황제보다 더 나쁜 사람이 될 것이다' 라고 말했다.

바쿠닌이 제시한 대안은 한편으로 노동자들이 공장과 기계를 차지하고 다른 한편으로 농부들이 토지를 차지하자는 것이었다. 그들은 자발적인 연합을 통하여 자유롭게 서로 협력하면서 알맞다고 생각하는 바대로 통치할 것이다. 이것은 자발적인 연합의 형태로 모든 단계에 적용될 것이다. 사람들은 아이들을 위한 평등한 교육과 자신의 삶을 향상시킬 수 있는 평등한 기회를 보장하기 위하여 함께 노력할 것이다.

인간 본성에 대한 낙관적 견해와 더불어, 이런 비전은 유럽 전역의 젊은이들에게 영향을 미쳤다. 그러나 그것은 권력을 장악하고 유지할 메커니즘을 결여한 순진한 견해라고 비판을 받았다. 바쿠닌 자신은 지식계급의 지휘에 반대했다. 그는 '계몽된 엘리트' 라면 누구라도 대중에게 영향을 미칠 수 있겠지만 그들 자신이 권력을 가져선 안 된다고 말했다. 그렇지 않으면 엘리트들은 사람들을 자신들에게 의존하게 만들어 자신들의 권력을 영구화시키려 할 것이기 때문이다.

바쿠닌은 신과 그 아래의 모든 외부적 권위를 부정했으며, 자유를 '인간의 지성과 존엄성과 행복이 발전하고 성장할 수 있는 유일한 상태' 라고 생각했다. 그는 '국가가 시작되는 곳에서 개인의 자유는 죽고, 개인의 자유가 시작되는 곳에서 국가가 죽는다' 고 말했다.

70. 칼 마르크스 Karl Marx
1818년 – 1883년

칼 마르크스는 1917년 레닌의 볼셰비키혁명과 러시아의 공산주의 국가의 수립에 영감을 주었다는 점에서 역사적으로 중요하다. 그는 공산주의의 창시자로서, 프리드리히 엥겔스(Friedrich Engels)와 《공산당 선언》(1848년)을 함께 집필했다. 30세에 영국에 정착하여 그는 나중에 《자본론》(1867년)을 저술했고, 잘 알려져 있듯이 대영박물관 도서관에서 연구를 했다.

그는 인간 역사는 계급 충돌의 이야기이며 계급 없는 사회에서 끝날 것이라고 생각했다. 그는 사회적, 정치적 변화는 경제적 변화, 구체적으로 생산기술의 변화의 결과로 일어날 것이라고 주장하면서, '손절구는 봉건영주의 사회를, 증기제분기는 산업자본가의 사회를 낳는다'고 말했다.

마르크스는 변화에 대한 헤겔의 이론을 받아들여, 사회의 각 단계는 그것을 파괴할 힘을 만들어내고 그것들의 충돌로부터 새로운 현상(現狀)이 나온다고 논했다. 그러므로 마르크스의 견해에 따르면, 역사의 진보는 경제적 발달로 인한 도약에서 이루어지며 폭력적 혁명에 의하여 추진된다.

마르크스는 다윈에 찬성했지만, 변화는 폭력적 충돌에 의해서가 아니라 한 단계에서 다른 단계로 점진적으로 옮겨가면서 끊임없는 변이들을 통하여 일어날 수 있다는 다윈의 생각을 수용하지는 못했다. 많은 역사적 변화들은 갑작스런 대변동에 의해서 보다는 끊임없는 전진에 의하여 진화해온 것처럼 보인다. 또한 비판가들은 자본주의의 마지막 단계에 이어 무계급의 공산주의 사회가 도래한다면, 그것은 러시아와 중국 같은 경제가 덜 발전한 나라들보다는 가장 경제가 성숙한 나라에서 일어났어야 했다고 지적했다.

마르크스는 19세기 자본주의에 의한 명백한 부정의들, 노동자들에 대한 억압, 반복적인 대량생산 체제에 의한 소외에 대하여 비난했다. 그는 가치란 무언가를 생산하기 위하여 들어간 노동으로부터 나오며, 그런 가치 이상의 이익은 '잉여가치'(surplus value) 또는 그 무언가를 생산한 노동자들에 대한 자본가들의 착취를 나타낸다고 말했다.

그는 종교를 착취의 보조기구라고 간주했다. 그는 종교를 신비스런 사후세계로 세상의 부정함을 바로잡으려는 인간의 창작물이라고 생각했다. 그는 **종교는 '인민의 아편'**이라고 불렀다. 왜냐하면 종교는 사람들이 개혁을 위하여 운동하기보다는 천상에서 보상을 받는 조건으로 현생에서의 부정의들을 받아들이도록 현혹하기 때문이다.

공산주의의 몰락은 마르크스의 정치적 중요성을 감소시켰다. 그러나 마르크스주의의 정치적 측면을 거부한 많은 역사가들도 역사적 변화에는 경제적 원인이 있다는 생각을 강력한 도구를 채택했다. 비록 그들 가운데 그것이 역사적 사건에 대한 유일한 설명이라고 간주한 사람은 거의 없더라도 말이다.

71. 허버트 스펜서 Herbert Spencer
1830년 – 1903년

허버트 스펜서는 다윈이 《종의 기원》을 출판하기 7년 전에 진화론에 도달했으며, '적자생존'이란 표현을 만든 것도 다윈이 아니라 그였다.[+] 그러나 근본적인 차이들이 있다. 스펜서의 진화론에는 진화의 메커니즘을 설명하는 자연선택이라는 개념이 없다. 사실 스펜서는 획득된 형질이 세대를 거쳐서 전달될 수 있다고 말하는 라마르크주의를 지지했다.

또 다른 중요 차이점은 스펜서의 이론은 범위가 훨씬 넓어서 물리적이고 생물적인 세계뿐만 아니라 심리적이고 문화적인 영역에서의 진화를 크게 다루고 있다. 스펜서는 이 모든 영역들이 알려질 수 있고 이해될 수 있는 자연법칙들에 따른다고 생각했다. 그의 저서 《심리학 원리》(1855년)는 심리학에서 그 법칙들을 발견하려 했다.

자신의 아버지와 개인적인 독서로 교육을 받은 스펜서는 처음에는 철도 기관사로 일하다가 나중에는 금융관련 잡지인 《이코노미스트》지에서 일했다. 그는 확고한 자유무역주의자이며 공리주의자였다. 그는 이 두 가지 사고방식들을 인간의 진보에 대한 자신의 견해에 반영시켰다. 그의 생각에 따르면, 사회들은 단순하고 계층적이고 호전적인 사회에서 복잡하고 협력적이고 산업적인 사회로 진화해왔으며, 진보는 어떤 특징들이 다른 특징들보다 안정과 번영에 더 도움이 되었기 때문에 일어났다. 특히 그는 '각자의 자유는 모든 사람의 동일한 자유에 의하여 제한되는 것이 사회 조직에서 따라야 할 규칙이다'라고 생각했다.

그는 이런 '자유의 원칙'을 가장 높은 위치로 끌어올려 자유방임주의와 자유계약을 지지하고 사업과 통상에 대한 규제에 반대했으며, 작은 정부를 선호했다. 스펜서는 실험을 허용하는 사회들은 보다 순조롭고 빠르게 진화할 것이고, **진화는 '완벽한 사회의 완벽한 인간'에서 종점에 도달할 것**이라고 말했다. 이것은 진화를 종점이 없는 진보로 보았던 다윈과 대조된다.

스펜서는 인간들이 보다 덜 공격적인 생물로 진화하고 있다고 생각했다. 왜냐하면 사회는 공격성의 가치를 감소시키고 협력의 가치를 증가시키는 방향으로 진화했기 때문이다. 이런 생각에도 불구하고, 사회는 오직 적자만이 살아남을 수 있는 정글이라는 의미로 '사회적 다윈주의'라는 용어가 그의 사상에 붙는다. 당시 널리 읽히고 두각을 드러냈던 그는 미국에서 많은 지지자를 얻었다. 개인의 자기향상에 관한 그의 사상은 포부에 찬 미국인들의 윤리에 호소력을 발휘했다. 그럼에도 그의 이름은 그 이후로도 무자비하고 냉정한 사회적 견해들과 연관되었다. 그 이유는 예컨대 다음과 같은 뼈 있는 표현들 때문일지도 모른다: **'사람들을 어리석음의 결과들로부터 보호해주면 결국 세상은 바보들로 가득 찰 것이다.'**

✝ 역자주: 허버트 스펜서는 당시 주변 학자들의 아이디어들을 수집하여 독창적으로 발전시켰다. 그가 '적자생존'이라는 표현을 처음 사용했을지는 모르나, 그 개념은 엄밀히 말해서 맬서스의 인구론에서 나오는 '생존투쟁' 개념에서 기원한 것이다. 이외에도 아담 스미스로부터 자유무역주의를, 라마르크로부터 진보 혹은 발전 개념을 채용한다. 그리고 사회의 진화를 유기체의 진화와 유사한 방식으로 설명한 것은 생리학자 밀른-에드워즈의 영향을 받은 것으로 이야기된다.

72. 찰스 퍼스 Charles Peirce
1839년 - 1914년

버트런드 러셀에 따르면, 찰스 퍼스는 '지금까지 가장 위대한 미국 사상가'였으며, 칼 포퍼는 그를 '역사상 가장 위대한 철학자들 중 한 명'이라고 불렀다. 그럼에도 그는 생전에 별로 유명세를 타지 못했으며, 친구들의 도움에 의지하면서 말년을 열악한 가난 속에서 보냈다.

퍼스는 과학자의 길을 걸었지만 그가 진정으로 애착을 가졌던 것은 논리학이었다. 12살 때에 하버드 대학교 수학과 교수였던 그의 아버지가 그에게 문제들을 풀게 하면서 흥미를 갖게 되었다. 그는 화학과에서 하버드 대학교의 최초 이학석사학위(MSc)를 받았지만, 실제로 일한 곳은 미국 해안 및 측지(US Coast and Geodetic Survey)였다.[+] 그는 존스홉킨스 대학교에서 잠시 논리학 교수를 했지만, 프랑스 집시와의 불륜으로 블랙리스트에 올랐다. 퍼스는 논리학을 기호들에 관한 이론인 기호학(semiotics)과 동일시했으며, 기호학의 개척자들 중 하나였다.

그가 철학에 기여한 것은 저널에 출판된 논문들과 편집은 되었지만 생전에 출판되지 못했다가 그가 죽은 뒤 여러 해 후에 출판된 여러 상자의 논문들을 통해서였다. 그는 철학을 실험적 학문으로 간주하면서, 논리학의 뿌리는 데카르트적 내성(內省)이 아니라 객관적 세계에 대한 경험에 있다고 주장했다. 윌리엄 제임스(William James: 1842년 - 1910년) 그리고 존 듀이(John Dewey: 1859년 - 1952년)와 더불어, 그는 실용주의 철학의 창시자이며, 제임스와 듀이는 그가 자신들의 생각에 영향을 미쳤음을 인정한다.

실용주의의 기원은 그의 두 논문, 〈신념의 확정〉(1877년)과 〈우리의 개념들을 명석하게 만드는 방법〉(1878년)에 있다. 퍼스는 **모든 진리는 잠정적이며, 확실한 것이기보다는 확률적인 것**이라고 주장한다. 그는 귀납법의 정당함을 입증하기 위하여 확률에 관한 빈도이론(frequency theory)을 새롭게 제안했다.

어떤 이론의 진위는 (그리고 그것의 의미는) 그것의 결과와 깊이 관련되어 있다. 과학은 그것의 관념들을 그것들의 결과와 우리가 그것들을 사용하는 방법에 근거하여 설명한다. 그는 '**모든 것에 대한 우리의 관념은 그것의 지각할 수 있는 결과에 대한 우리의 관념이다**'라고 적는다. 우리가 우리의 세계를 예측할 수 있게 (그리고 통제할 수 있게) 해줌에 있어서 경쟁이론보다 더 우수한 이론이 진리에 더 가까운 이론이다. 연역법과 귀납법에 덧붙여, 그는 달리 설명할 방법이 없는 사실들을 설명하기 위하여 어떤 이론을 잠정적으로 받아들이는 귀추법(abduction)을 제안한다.

퍼스의 말에 따르면, 과학의 특징은 불확실성을 인정하는 '오류가능주의'(fallibilism)이다. 절대적 확실성에 대한 믿음은 탐구의 방해물이다. 이는 사물들을 알 수 없거나 설명할 수 없다는 믿음이나 정확성을 획득할 수 있다는 믿음도 마찬가지다. 그는 믿음들을 '행동의 습관들'이라고 표현하면서, 논리학은 우리를 건전한 믿음들로 인도한다고 말한다. 이런 믿음들이 객관적으로 확실한 것들은 아니다. 왜냐하면 그는 객관적으로 확실한 것들을 인정하지 않기 때문이다. '**모든 연구자들이 결국 동의하게 될 의견이 바로 우리가 진리라고 말하는 것이다.**' 그리고 이런 의견이 진리임은 그것의 있음직한 결과들과 그 결과들의 사용에 달려 있다.

＊역자주: '미국 해안 및 측지'(US Coast & Geodetic Survey)는 제퍼슨 대통령에 의하여 1807년에 설립된 미국에서 가장 오래된 연방정부 기관들 중 하나이다. 지금은 미국 해양대기청(NOAA: National Oceanic & Atmospheric Administraction)이라는 미국 상무부 소속의 새로운 기관으로 바뀌었으며, 지구의 해양과 대기상태를 조사하는 과학연구기관이다.

윌리엄 제임스는 현대 심리학 연구를 확립하는 데 도움을 주었다. 그가 《심리학 원리》(1890년)를 출판하기 전까지, 심리학은 온갖 서로 다른 관찰들과 통찰들의 집합이었다. 그가 저술하는 데 12년이나 걸린, 1,200쪽에 달하는 이 저서는 현대 심리학의 토대가 되는 체계적 원리들을 설명한다. 그의 접근법은 심리적 활동을 그것의 구조를 살필 수 있는 것이라기보다 행동 안에서 나타나는 하나의 과정으로 간주한다는 점에서 '기능주의'라고 불렸다.

그는 실용주의를 지지하면서 철학에서도 유사한 접근법을 취한다. 인간과 독립적으로 존재할지 모르는 영원한 객관적 진리를 찾는 대신, 그는 **진리는 사람들에게 유용한 것**이라고 선언한다. 외부의 어떠한 실재보다도 인간들의 필요가 그의 인식론의 중심에 있다. 그는 '사물을 분류하는 모든 방법은 그것을 어떤 특정한 목적을 위하여 사용하는 방법일 뿐이다'라고 적었다. 제임스는 어떤 사람들에게는 효과가 있는 것이 다른 사람들에게는 효과가 없을 수도 있다고 생각한 점에서 상대주의자였다. **'진리는 무엇이든 우리의 사고방식에 편리한 것이다.'** 그는 어떤 관념의 '현금가치'(cash value), 말하자면 우리에 대한 그 관념의 유용성을 이야기하면서, 어떤 관념의 유용성에 관한 최종적인 시험은 생존가능성이라는 다원주의의 견해를 취한다.

사는 동안 제임스는 항상 실제 또는 상상의 질병으로 고통을 받으면서 결코 건강함을 누리지 못했다. 그는 우울증에 빠지기 쉬웠고, 강신술과 과학으로 설명할 수 없는 것에 잠깐 손을 대면서 심령연구회의 미국 분과를 창설했다. 그의 상대주의는 종교로 확장된다. 여기서 그는 종교 단체들을 종교에 대한 사람들의 경험보다 덜 중요하다고 간주한다. 《종교적 경험의 다양한 종류》(1902년)라는 제목으로 출판된 그의 기포드 강연(Gifford Lectures)은 서로 다른 종교들이 사람들에게 가져다주는 경험들에 주목하면서, 일반인들이 받아들이는 방식의 종교는 그들의 삶에 유용한 것으로 다룬다.

정서에 대한 그의 사상은 제임스-랑게 정서이론으로 요약된다. 이 이론은 유명한 사례에서 우리는 곰을 보고 그것이 무서워서 달아나는 것이 아니라고 말한다. 오히려 우리는 곰을 보고, 심장박동이 빨라지고 땀이 나고 근육이 반응하는 결과를 경험하고, 본능적으로 달아난다 — 그 결과로 우리는 곰을 무서워한다.[+] 정서란 이런 신체적 자극들이 우리에게 나타나는 방식이다.

제임스의 말에 따르면, 의식은 관념들의 연속이 아니라 끊임없는 흐름의 성격을 갖는다. 그는 '지금부터는 그것에 대하여 이야기할 때, 그것을 사고의 흐름, 즉 의식의 흐름이라고 부르자'라고 말했고, 이 문구는 한 세대에 걸쳐 영향을 미쳤다.

[+] 역자주: 상식적으로 우리는 먼저 특정한 정서를 (예컨대 무서움을) 느끼고 이어서 심장 박동이 빨라지는 등의 변화가 일어난다고 생각한다. 그러나 1884년 최초로 제기된 제임스-랑게 이론(James-Lange theory)에 따르면, 자율신경계의 각성과 골격 운동이 먼저

일어난다. 우리가 어떤 정서로 경험하는 것은 그와 같은 반응에 이름을 붙인 것이다. 말하자면 나는 곰을 보고 도망치기 때문에 두려운 것이다. 이와 달리 캐논-바드 이론 (Cannon-Bard theory)에 따르면, 격앙된 살인자가 기계톱을 가지고 당신에게 덤벼드는 것 같은 사태는 정서적 경험과 신체적 각성을 동시에 독립적으로 유발한다. 그러나 여러 증거들은 어느 이론도 정확히 들어맞지 않음을 시사한다. 우리는 약물 혹은 다른 수단을 사용하여 자율신경계 반응을 증가시키거나 감소시킬 수 있다. 만약 캐논-바드 이론이 옳다면, 자율신경계 각성의 강도를 변화시켜도 정서적 경험에는 영향이 없어야 한다. 반면에 제임스-랑게설이 옳을 경우, 자율신경계의 각성에 변화가 일어나면 정서에도 변화가 일어나야 하고 자율신경계의 각성이 사라지면 정서도 사라져야 한다. 그런데 실제로는 자율신경계의 각성이 변화되면 정서적 경험도 변화하고, 신체가 완전히 마비되어 내부기관으로부터 감각을 느끼지 못하는 사람도 정서적 경험은 사라지지 않는다.

74. 프리드리히 니체 Friedrich Nietzsche
1844년 – 1900년

전통적 철학자들과 달리, 프리드리히 니체는 자신의 결론에 이르는 논증들의 연쇄를 제공하지 않는다. 대신 그의 분방한 주장들은 독자들이 그의 대범한 통찰과 해석을 공유하도록 유인한다. 그는 이것을 '이 산 정상에서 저 산 정상으로 껑충 뛰는 것' 이라고 묘사한다.

목사인 아버지 밑에서 독실한 루터교 신자로 자랐지만, 니체는 학교 교육을 마친 후 종교를 거부했다. 그는 특히 자신이 기독교의 '타락적인' 영향이라고 일컬었던 바를 공격하는 데 정력을 쏟았다.[+]

그의 말에 따르면, 기독교는 유럽에 '노예도덕' 을 가져왔다. **기독교는 최하층 노예들과 약자들이 힘과 지배에의 의지라는 성격을 가진 강하고 힘 있는 자들의 자연적 본능을 억누르려는 시도를 대표한다.**

《비극의 탄생》(1872년)에서 니체는 고대 그리스의 두 요소들, 즉 원초적 정념을 대표하는 디오니시우스와 질서 및 이성을 대표하는 아폴로를 다룬다. 그는 후자의 승리에 유감스러워하면서, 억압된 정념의 해방을 촉구한다. 그는 호머 시대의 영웅들이 전쟁에서 보여주는 정신력과 힘과 용기 등의 자질을 찬미했다.

결정적으로 니체는 현대인들이 과학과 세속적 추리의 진보와 종교의 퇴보로 인하여 갈림길에 직면하고 있다고 생각한다. 그는 '신은 죽었다' 라고 선언한다. 도덕의 새로운 기반을 필요하거나, 유럽은 허무주의에 빠질 것이다. 지배하는 신에 대한 보편적 시각이 없다면 우리 각자는 우

리 자신의 시각을 가질 것이고, 신의 계시가 아니라 인간의 삶에 기초를
둔 윤리로 우리 자신의 가치를 추구해야 한다.

그는 《차라투스트라는 이렇게 말했다》(1883년)와 《선과 악을 넘어서》
(1886년)를 출판하여, 죄의식 없는 자기주장에 기초하고 생명의 가치를
자랑으로 여기는 새로운 '영웅적' 도덕을 주장한다. 힘에의 의지는 니체
가 말하는 '초인', 말하자면 굴레에서 벗어나 자신의 열정을 지배하고
자신의 에너지를 열정적 창조성으로 변화시킨 강한 자의 특징이다. 그
초인은 관습적 선과 악을 초월하며 힘에 대한 그의 의지로 '범인(凡人)들
의 무리'와 구별된다. 그는 환영의 사후 세계가 아니라 현생에 크게 만족
하여, 설령 현생을 영원히 되풀이하여 살게 되더라도 그것을 기쁘게 받
아들일 것이다.

니체는 민주주의와 '부르주아' 가치들, 그리고 칸트주의와 공리주의
윤리를 거부한다. 행복과 '선'은 힘·부·강함·건강 등의 생명을 긍정하
는 자질이 없는, 가치 없는 목표들로 간주된다. 강자는 자유로워야 하며
자신의 힘과 활기를 드러내야 하며, 자신의 자연적 성향을 악이라고 매
도하는 기독교 도덕을 거부해야 한다.

니체 자신은 성인이 된 후로 내내 건강이 좋지 못했고 말년에는 정신
병을 앓았다. 비록 나치는 그가 말한 '강한 개인'을 주류 인종에 대한 옹
호로 타락시켰지만, 그의 사상은 철학뿐만 아니라 예술과 시에도 영향을
미쳤다.

+ 역자주: 니체는 기독교는 공격하되 예수를 공격하지는 않는다. 그에게 예수는 오히려

자신이 찬미하는 자기극복적 초인의 전형이다. 기독교는 천국과 현실 세계를 나누는 형이상학적 이분법을 통하여 예수의 진정한 가르침을 왜곡한다. 예수는 평화와 사랑의 지속적 실천을 통하여 현실 세계에서 이미 천국을 이룰 수 있으며 누구든 신의 자식이 될 수 있다고 말한 반면에, 기독교는 예수의 죽음 이후에 유대주의, 신비주의, 플라톤주의, 금욕주의 등의 요소들과 결합하면서 이분법적 세계관을 더욱 굳혔다.

75. 존 듀이 John Dewey
1859년 – 1952년

존 듀이는 철학, 심리학, 교육에서 명성을 얻었고, 세 영역 모두에서 단일한 접근법을 사용했다. 듀이의 관심사는 사물들을 정적인 것들이 아니라 그것들을 규정하는 **과정**의 일부로 보는 것이었다. 세 영역 모두에서 그는 상호작용과 피드백의 역할을 강조했다.

퍼스와 제임스와 더불어, 듀이는 실용주의 철학의 옹호자였으며, 인간의 목적에 이바지하는 지식의 기능적인 측면을 강조했다. 그는 마치 세계가 수동적으로 지각되는 것처럼 생각하게 만드는 정신과 물질의 분리를 도움이 되지 않는다고 생각했다. 그는 그 둘이 상호작용하며, 우리와 세계의 접촉은 우리의 감각과 관념을 통하여 진행된다고 말했다.

그는 다윈주의와 유사한 것들에 주목하면서, 지식의 발전을 환경에 대한 인간의 반응, 즉 사람들이 생존하고 번영할 수 있도록 적응하려는 반응이라고 간주했다. 정신은 수동적으로 지식을 흡수하는 것이 아니다. 그것은 환경과 상호작용하고 그것의 관념들이 실험되고 적응하게 만든다. 듀이는 자신의 철학을 '도구주의'라고 칭했으며, 궁극적인 실재 혹은 사물들의 '본질'을 가리키지 않는 하나의 과정을 나타내기 위하여 '교호작용'(transactional)이라는 용어를 사용했다.

심리학에서 그는 어떤 자극이 하나의 반응을 유도한다는 생각에 이의를 제기했다. 그의 말에 따르면, 자극과 반응은 별개의 사건들이 아니라 보다 서로 엮여 있으며, 그것들은 서로를 보강한다. 역시 그의 논지는 과정과 상호작용에 관련되어 있다.

듀이의 교육 사상은 논란의 대상이었다. 그는 시카고 대학교에 실험학교(Laboratory School)를 설립하여 1896년부터 자신의 교육 사상을 실천에 적용했다. 여기서도 그는 교육은 지식을 학생들에게 나누어주는 권위자로 구성되는 것이 아니라 학생들이 참여하고 상호작용하는 경험의 과정이라고 주장했다. 듀이는 **교육이 건강한 민주주의에 필수불가결하다**고 생각했다. 그의 사상이 미국에서 소위 '진보적' 교육에 영향을 미치면서, 전통적인 교육 방법들을 지지하는 사람들로부터 비판을 받았다.

미학에서도 듀이는 예술 작품들과 그것들이 나온 지역문화 사이의 상호작용을 지적했다. 실제의 그림과 조각은 '예술 객체'(art object)이지만, 그것이 그 자체로 예술 작품은 아니다. 그것이 예술 작품이 되려면, 객체와 그것의 관중 사이에 상호작용이 있어야 한다.

듀이는 사회계약으로 결합되는 개인들에 대한 홉스의 견해에 반대하면서, 인간은 본래 사회적이며 인간의 정신은 그 시작부터 더없이 사회적이라고 주장했다. 그는 **인간은 사회 속에서 상호작용하고 그리하여 진보한다**고 말했다. 듀이는 공공의 일들에 관여했고, 사회적 문제들에 대하여 활동적이었으며, 전미유색인종지위향상협회(NAACP)의+ 창설을 도왔다. 그는 파시즘에 반대하여 민주주의를 옹호하는 글을 썼으며, 학문의 자유의 열렬한 옹호자였다.

+ 역자주: NAACP는 'The National Association for the Advancement of Colored People'의 약자로 '전미유색인종지위향상협회'라고 번역된다. NAACP는 듀 보이스(W.

E. B. Du Bois)가 이끄는 흑인청년 단체의 나이애가라 운동과 이에 관심을 가진 백인 단체가 통합하여 1909년에 창설되었다. 유색 인종 및 흑인의 헌법상의 인권보장과 지위향상을 위해 설립된 미국의 인종혼합 단체로 모든 개인의 정치적·교육적·사회적·경제적 평등권을 확보하고 인종간의 증오와 차별의 철폐를 기본 임무로 삼는다. 본부는 LA에 있으며, 홈페이지(http://www.naacp.org)를 통하여 자세한 활동 내용을 살펴볼 수 있다.

76. 에드문트 후설 Edmund Husserl
1859년 − 1938년

에드문트 후설은 오늘날 체코공화국 안에 있는 오스트리아−헝가리 제국의 지역에서 유대인 부모에게서 태어났다. 그는 일찍이 수학과 심리학과 철학을 우리의 수학에 대한 이해 속에서 종합하려고 노력했으며, 우리의 수(數) 개념을 설명하려고 시도했다. 프레게(Gottlob Frege)는 후설의 설명이 지나치게 심리학에 의존한다고 공격하면서, 이런 설명은 도처에서 주관성을 끌어들인다고 주장했다.

후설 자신은 주관적인 심리적 경험으로부터 확실한 진리로 나아가려는, 또는 불변하는 논리의 법칙들을 신뢰할 수 없는 심리적 과정에 기초를 두려는 시도의 문제점을 인식하고 있었다. 그래서 이후의 설명에서 그는 이런 문제점을 극복하기 위하여 자신의 접근법을 수정했다.

후설은 현상학이라고 불리는 철학을 개척했다. 현상학은 어떤 '실재하는' 외부 세계에 있는 사물들의 본질을 다루는 대신에 사물들이 어떻게 지각되는가에 연구의 초점을 맞춘다. 그것은 우리의 경험에 나타나는 대로의 사물들에 (현상에) 대한 연구이다. 현상의 배후에 있는 것이 객관적으로 실재하는지는 현상학에서 중요하지 않다. 그것은 의식의 경험들 자체를 연구하며 특정한 유형의 대상을 지각하는 데에 영향을 미치는 심리적 구조들을 분석하려 한다.

후설의 말에 따르면, 심리적 현상과 물리적 대상 사이의 차이는 전자는 '지향성'을 갖는, 즉 그것은 무언가를 향하고 있는 반면에, 물리적 대상은 그렇지 않다는 것이다. 모든 심리적 현상은 어떤 대상을 가리키고 있고, 모든 믿음이나 욕망은 무언가에 대한 것이어야 한다.

대상들은 외부에 존재한다고, 우리가 그것들을 발견하고 평가할 수 있도록 에너지를 발산하고 있다고 생각될 필요가 없다. 차라리 그것들은 우리가 의식하고 있는 양상들의 집합이며, 이 양상들은 우리가 그것들을 분류할 수 있게 해준다. 그리고 현상들은 물리적 대상들과 다르기 때문에, 의식은 다른 방법들로 연구되어야 한다. 후설은 우리의 의식과 그것이 향하고 있는 대상을 구별하길 원했다. '자연적 태도'는 대상들이 실존하며 우리가 감각적 지각을 통하여 판단할 수 있는 본성을 가지고 있다고 말한다. 그러나 후설이 말하기를, **실존에 대한 물음은 중단되어야 하며, 그래야만 우리는 마음속에 있는 의미들에 집중할 수 있다.**

후설은 관념론자가 아니었다. 그는 외부 대상들의 실재를 부인하지 않았다. 그의 말에 따르면, 외부 대상들은 실재하지만 그것들이 외부 대상들인 이유는 그것들이 소유한 어떤 독특한 본질 때문이 아니라 그것들과 그것들을 지각하는 관찰자 사이의 관계 때문이다. 후설에 따르면, 우리는 마음속에 있는 그것들의 의미에 집중하기 때문에, 우리는 그것들의 독립적 존재에 대한 문제를 제쳐두거나 '괄호에 넣어'야 한다.

현상학은 대륙철학에 중대한 영향을 미쳤다. 그것은 이후의 여러 사상가들, 그중에서도 특히 하이데거와 사르트르의 사상에 영향을 미쳤다.

77. 막스 베버 Max Weber
1864년 – 1920년

막스 베버는 현대 사회학의 창시자들 중 하나로 간주된다. 그는 특히 서로 다른 종교들이 그것들이 번창한 사회들에 영향을 미친 방식을 고찰했다. 베버는 어떻게 종교적 관행들이 경제활동에 영향을 미칠 수 있었는지를 관찰하기 위하여 고대 중국과 인도의 종교들과 유대교를 연구하였다. 그는 종교가 유럽에서 자본주의의 발전과 산업화에 강력한 역할을 수행했다고 추측했다.

다른 사람들이 그랬던 것처럼, 산업혁명이 북유럽에서 보다 일찍 왕성하게 일어났다는 사실에 주목하면서, 베버는 종교개혁이 영향을 미친 요소였다는 의견을 제시했다. 사후에 책자의 형태로 출판된 그의 유명한 소론 《프로테스탄트 윤리와 자본주의 정신》(1904년)은 개신교, 특히 칼뱅교의 특징들이 개신교를 경제적 성공과 연결시켰다는 견해를 취했다. 가톨릭 신자들은 대부분의 개신교들에는 없는 성직자 집단의 권위를 통하여 그들의 구원이 가능하다는 말을 들었다. 이에 비하여 자신들의 구원은 예정되어 있다고 믿는 칼뱅교 신자들은 세속적 성공을 신의 은총의 증거라고 간주했다. 많은 동양 종교들을 비롯하여 몇몇 종교들은 초라하고 비참한 환경에 있는 추종자들에게 안락과 위안을 주지만, **개신교 집단은 그들이 신에게 받아들여졌다는 척도로서 번영을 추구했고 성공을 그것의 증거로 간주했다.**

베버는 낭비와 과소비에 대한 (심지어 관대함에 대한) 개신교의 혐오

를 지적했으며, 이것이 투자를 촉진했다는 의견을 제시했다. 개신교도의
자제와 근면과 결합되어, 이것은 부의 합리적인 추구를 장려했다. 그런
요소들이 서구사회를 동양사회보다 목적 지향적인 사회로 만들었으며,
그들의 상대적인 경제적 성공을 설명하는 데 도움이 되었다.

　　역시 책자 형태로는 사후에 출판된 《경제와 사회》(1921년)에서 베버
는 관료제의 본성에 대한 최초의 현대적 분석에 착수했으며, 이 저작은
현대 조직관리 연구에서 여전히 중요한 저작이다. 그의 말에 따르면, 관
료제는 명시적 규칙들에 의하여 제한된 기능들을 가져야 하며, 세분화된
조직을 갖춰야 하며, 위계적 직위구조를 가져야 한다. 베버는 관료제는
관료들이 소유한 일자리라기보다 급료를 받는 일자리들을 포함해야 하
며, 직무수행에서 정치적 혹은 개인적 당파가 되기보다는 공평무사해야
한다고 말했다.

　　체제에 대한 그의 관심은 종교뿐만 아니라 민족성과 국민성 같은 요
소들이 체제에 미치는 영향에 대한 연구로 이어졌다. 그리고 그는 무력
의 합법적 사용에 대한 독점을 통하여 국가에 대한 정의를 주창했다.

　　법률 교육을 받았지만, 베버는 교육과 학문에 일생을 바쳤다. 1차 세
계대전에서 그는 독일의 편을 들어 군병원 관리자로 일조했지만, 자신은
결코 건강하지 못했으며 세계적으로 유행했던 스페인 독감의 희생자가
되었다.

78. 버트런드 러셀 Bertrand Russell

1872년 – 1970년

버트런드 러셀은 분석철학 학파를 세워서 20세기의 가장 유력한 사상가들 중 한 사람이 되었다. 그는 또한 비전문적인 독자들도 접근할 수 있는 명쾌한 언어로 복잡한 주제들을 설명할 수 있는 사람이라고 인정되어 노벨문학상을 받았다. 그의 정치적 행동주의는 그를 평화주의자와 반핵운동가의 대명사로 만들었다.

그는 빅토리아 여왕 시대의 수상들 중 한 명인 러셀 경의 손자로 나중에 그 작위를 계승했다. 케임브리지 대학교 트리니티 칼리지에서 학위와 특별연구비를 받은 후, 그는 자신이 지지했던 관념주의 철학과 전체를 포괄하는 '체계들'에 대한 탐구를 포기하고, 논리적 분석으로 자신의 관심을 돌렸다. 《수학의 원칙들》(1903년)에서 그는 **수학은 논리학의 한 부분집합이며, 수학의 진리들은 논리학의 공리들로부터 연역되기에 확실하고 객관적이다**라고 주장했다.

자신의 저서 《지시에 관하여》(1905년)에서, 러셀은 '현존하는 프랑스 왕'과 같은 비실재적 대상들에 대한 기술구(記述句)들을 다시 연구했다.[+] 어떤 사람들은 어떤 대상에게 이름을 붙이는 것은 그 대상에게 모종의 존재를 부여하는 것이라고 주장했다. 그러나 러셀은 그런 기술구들은 이름으로 기능하지 않는다고 주장했다.

러셀이 자기 인생에서 '지적으로 중대한 시점'이라고 일컬었던 시기는 그가 화이트헤드와 《수학원리》(1910–13년)를 공저한 때이다. 이 책에서 수학의 논리적 연역은 갈채를 받았으며, 동시에 이 책에서의 철학적 분석은 어떻게 관습적 언어와 문법이 흔히 진정한 논리적 형식들에서 벗어나는지를 드러냈다. 이 책은 언어학파와 논리실증주의로 이어진 분석철학의 길로 철학자들을 인도하고 그들을 거대한 형이상학적 체계들로부터 멀어지게 했다.

'러셀의 역설'은 자신을 원소로 포함하는 집합들과 관계가 있다. '마을 이발사인 나의 아버지는 스스로 면도를 하지 않는 모든 사람들을 그리고 오직 그런 사람들만 면도를 해준다'는 진술은 문제가 있다. 왜냐하면 만약 그 이발사가 스스로 면도를 하지 않는다면 그에게 면도를 해주는 사람은 마을 이발사(그 자신)일 것이고, 역으로 만약 그에게 면도를 해주는 사람이 마을 이발사(그 자신)이라면 그는 스스로 면도를 하지 않는 사람이다. 러셀은 이 역설을 피하기 위하여 집합의 유형들의 위계를 제안하여 집합이론을 수정했다.

레셀은 자신의 평화주의 운동의 대가로 1차 세계대전 동안 옥에 갇히고 자신의 트리니티 칼리지 특별연구원 지위를 잃었다. 나중에 그는 핵무기감축운동(CND)의 회장이 되었고 시위로 인하여 두 번째로 감옥에 갇혔다.

대중적인 글에 대한 그의 재능은《원자의 ABC》(1923년)과《상대성의 ABC》(1925년) 같은 저작들에서 입증되었고, 동시에 그의《서양철학사》(1945년)는 현세기의 가장 많이 팔린 철학책이었으며 여전히 베스트셀러이다. 그의 1927년 강연〈나는 왜 기독교인이 아닌가〉는 특히 미국에서 논란을 불러왔다. 자신이 신을 논박할 수 없기 때문에, 덧붙여 호머의 작품에 나타나는 신들도 논박할 수 없기 때문에, 그는 때때로 자신을 '불가지론자'라고 불렀다.

✝ **역자주:** 러셀이 예로 든 유명한 명제는 '현존하는 프랑스 왕은 대머리이다'라는 명제인데, 이 명제가 참인가? 그런데 현재 프랑스는 왕권제도가 폐지되었으므로 '현존하는 프랑스 왕'은 존재하지 않는다. 따라서 존재하지도 않는 왕에 대하여 그가 대머리냐 아니냐를 물을 수 없다. 이렇게 어떤 명제가 논리적으로 참이거나 거짓이라고 하는 것은 그 명제의 주어가 존재하는 것 같은 착각을 불러일으킨다. 러셀은 '현존하는 프랑스 왕' 뿐만 아니라 황금산이나 사각원 같은 비실재적인 대상들은 명제의 주어가 될 수 없다고 주장한다.

79. 조지 에드워드 무어 G. E. Moore
1873년 - 1958년

조지 에드워드 무어는 (러셀과 비트겐슈타인과 더불어) 영국철학을 칸트와 헤겔의 관념론으로부터 분리시키고 독특한 분석철학적 방향으로 나아가게 한 케임브리지 철학자들 중 한 사람이다. 케임브리지 대학교에서 무어는 철학으로 바꾸어 특별연구원의 지위를 얻었고, 잠시 떠났다가 돌아온 후로는 평생을 그곳에서 보냈다. 그는 리턴 스트레이치, 버지니아 울프, 존 케인즈 등을 포함한 블룸즈버리 그룹(Bloomsbury Group)에 참여했고, 나중에 여러 해 KGB 첩보원들에 있다는 의심을 받았던 비밀토론회인 사도회에 속해 있었다.

무어는 철학이 과학만큼 진보하지 못했다는 점을 우려했으며, 철학의 정확성과 언어에 대한 관심을 가져왔다는 점은 그를 분석철학 학파의 창시자로 자리매김했다. 그는 《관념론 논박》(1903년), 《상식의 변호》(1925년), 《외부 세계의 증명》(1939년)에서 관념론의 원리에 반대했다. 그는 세계의 본질이 정신적인 것이며 지각들로 구성되어 있다고 주장하는 사람들은 물리적 대상들로 이루어진 실재적 세계가 존재한다는 상식적 견해보다 설득력이 떨어지는 가정을 세우고 있다고 말한다. 그는 '여기에 한쪽 손이 있다'와 '여기에 다른 한쪽 손이 있다'는 진술들로부터 정신 외부의 세계에 두 대상들이 존재한다는 결론을 끌어내고, **철학의 임무는 상식적 믿음들의 진위를 캐묻는 것이 아니라 이런 믿음들의 의의를 찾아내는 것이라고 말한다.**

무어의 위대한 저서 《윤리학 원리》(1903년)는 '자연주의적 오류'를 다룬다. 그의 말에 따르면, 당신은 행복과 같은 다른 성질들에 의하여 '좋음'을 정의할 수 없다. 왜냐하면 '행복이 항상 좋은 것인가?' 하는 물음은 사소하지도 자명하지도 않은 열린 물음이기 때문이다. 철학자들은 좋음에 붙어 있는 다른 속성들을 발견할 수 있다. 그러나 그들은 그것들을 발견함으로써 좋음을 정의하지는 않는다. 그것들은 좋음과 같은 것이 아니라 '다른' 속성들이다. 좋음은 정의될 수 없다. 우리는 오직 좋음을 예시하는 좋은 사물들을 지시할 수 있을 뿐이다.

무어는 '좋음'이 정의될 수 없고 오직 직관될 수 있다고 말하기 때문에, 어떤 사람들은 그를 윤리적 직관주의자라고 불렀다. 그는 이것을 부정하면서 좋음 자체의 본성은 직관적이지만 좋음으로부터 나와서 윤리적 행동을 구성하는 의무들에 대한 물음들은 직관적이지 않다고 주장한다. 무어는 행동은 경험적으로 확인될 수 있는 그것의 결과에 의하여 판단되어야 한다고 생각했다.

'비가 올 것이지만, 나는 비가 올 것이라고 믿지 않는다'라는 진술을 '무어의 역설'이라고 부른다. 어떤 사람이 양쪽 부분을 동시에 주장할 수 있다는 것은 어리석은 것처럼 보이지만, 거기에는 아무런 논리적 모순도 포함되어 있지 않다. 이 역설은 주장과 믿음에 관련된 물음을 제기하고, 철학과 언어에 대한 비트겐슈타인의 연구에 영향을 미쳤다.

80. 피에르 테야르 드 샤르댕 Pierre Teilhard de Chardin
1881년 - 1955년

피에르 테야르 드 샤르댕은 예수회 사제의 경력과 고생물학 및 지질학자의 경력을 결합시켰다. 어려서 그는 자기가 아끼는 쟁기가 녹슬자 눈물을 흘리면서 영원히 썩지 않는 것들을 찾겠다고 결심했다. 그는 특히 고생물학을 연구했으며, 유명한 과학적 날조의 장소인 필트다운(Piltdown)을+ 비롯하여 중대한 발굴들에 참여했다. 그는 나중에 가톨릭 사제이자 예수회 수사가 되었다.

1차 세계대전에 들것병으로 참전한 그는 용기를 인정받아 레종 도뇌르 훈장을 받았고, 그 후로는 소르본 대학교에서 과학을 연구했다. 1925년 그에게 수업의 중단뿐만 아니라 원죄에 대한 견해를 철회하고 중국으로 지질학 탐사를 떠나라는 명령이 내려지면서 예수회 당국자들과의 마찰이 시작되었다. 테야르의 과학연구는 바위와 화석에 있는 진화의 증거를 보여준 반면, 그의 수도회는 성서에 나온 창조론을 지지했다. 이 논란들은 그의 인생에 늘 따라다녔고, 사후에는 그의 저서들이 '가톨릭 교리에 어긋난다'는 교황의 견책과 그의 저서들로부터 '특히 젊은이들의 정신을 보호하기 위한' 움직임이 일어났다.

중국에서 여러 차례 중요한 탐험을 수행하는 동안 그는 《신적 환경》(1927년)을 출판했으며, 이 책은 진화하는 창조물의 중심에 있는 인격적 신을 묘사했다. 이것은 창조가 6,000년 전에 완결되었다는 가르침과 충돌했다. 그러나 테야르는 창세기를 문자 그대로 받아들이지 않았다. 그는 '진화는 모든 사실을 비추는 빛이며, 모든 선들이 따라야 할 굴곡이다' 라고 말했다. 《인간현상》(1938년)에서 그는 자신의 종교적 믿음과 과학적 발견을 조화시키려고 시도했지만, 교회는 이 책의 출판을 금지했고 이 책은 그의 사후에야 모습을 나타냈다.

테야르는 우주가 의식의 진화를 이루려는 목적과 방향을 갖고 있다고 보았다. 그래서 그는 물질은 이전보다 더 복잡한 구조로 스스로를 배열하려는 경향이 있다고 제안했다. 입자들은 비활성의 물질로 스스로를 배열하고, 그런 다음 식물로, 동물로, 마지막으로 인간으로 스스로를 배열한다. 인간과 함께 자의식이 생겨났다. 테야르는 물질의 복잡성이 자기인식으로 올라간다고 보는 '복잡성과 의식의 법칙' 을 제안했다. 인간의 의식과 함께 테야르가 '인지계' (noosphere)라고 불렀던 것, 즉 반성적 사고의 영역이 생겨났다. 중요한 것은 **사고는 물질로부터 발전했다는 것**이다. 사고와 물질은 같은 것의 양상들이다.

우주는 더 거대한 의식을 향하여 움직인다. 왜냐하면 우주는 그가 '오메가 포인트' (The Omega Point)라고 불렀던 '최고 의식의 더 높은 극점' 으로 잡아당겨지기 때문이다. 테야르는 이 극점을 시간과 공간에 의한 제약을 받지 않는 초월적인 인격적 존재라고 선언했다. 과학과 신의 이런 조화에 테야르는 만족했지만, 교회는 그렇지 않았다. 동시에 비판가들은 테야르가 별이 가득한 우주에서 자신의 관심을 단 하나의 행성에 집중시켰다고 지적했다.

＋ 역자주: 1912년 찰스 도오손은 필트다운인을 발표했다. 턱뼈와 두 개의 어금니, 그리고

두개골 조각이 발견되었는데, 전문가들은 이것이 50만 년 전의 것으로 사람과 원숭이의 중간 형태라고 주장했다. 그러나 1953년 이것은 사기극으로 밝혀졌다. 이것은 사람의 머리뼈에 원숭이의 턱뼈를 조합한 것으로, 오래된 것처럼 보이기 위하여 약품으로 처리하고 땅에 묻어 두었다가 우연히 발견한 것처럼 찾아낸 것이었다.

81. 에르빈 슈뢰딩거 Erwin Schrödinger
1887년 - 1961년

에르빈 슈뢰딩거는 우리가 살고 있는 우주와 실재에 대한 사고방식에 중대한 영향을 미친 인물이다. 그는 양자물리학과 핵물리학의 흥미진진한 연구를 초창기에 시작했지만 정치 세계가 다소 지나치게 격앙되어 있음을 깨닫고, 히틀러가 정권을 잡자마자 우선 독일을 떠났다. 그런 다음 독일이 오스트리아를 합병하자 다시 오스트리아를 떠났다.

과학자들은 원자보다 작은 입자들이 어떤 면에서는 파동처럼 움직인다는 것을 이미 알고 있었다. 슈뢰딩거는 오늘날 '슈뢰딩거의 파동방정식'이라고 불리는 파동방정식을 도출해낸 첫 번째 인물이었다. 그는 전자가 어떤 행성 주위를 도는 위성들처럼 원자핵의 주위를 돈다고 보지 않았다. 그는 전자에 대하여 '확률의 구(球)'라는 말을 사용하면서 입자들보다는 파동함수라는 관점에서 전자들을 분석했다.

이 발견은 1933년 그에게 노벨물리학상을 주었지만, 두 가지 다른 모험들 역시 그에게 명성을 가져다주었다. 1944년 그는《생명이란 무엇인가?》를 출판하여 생명을 음의 엔트로피의 섬으로 묘사했는데, 이 음의 엔트로피는 내리막길로 치닫는 우주의 자연스러운 경향을 일시적으로 역전시킨다. 그것의 구조로 인하여, 생명은 그것의 복잡성을 유지하기 위한 에너지를 흡수할 수 있다.[+] 그는 유전자의 분자구조는 생명의 전개를 위한 축소된 코드를 포함할 수 있다는 설을 제안했다. 이 제안은 크릭과 왓슨의 DNA 분자구조 연구에 영감을 주었다.

그리고 1935년 슈뢰딩거는 양자역학에 대한 코펜하겐 해석에 대응하여 하나의 '사유실험'을 고안했다. 원자보다 작은 입자의 수준에서는, 어떤 전자의 위치와 속도가 동시에 측정될 수 없다. 그것들의 값에 대한 결정은 관측의 행위와 함께 일어난다. 이것이 원자보다 작은 입자들의 세계에서는 효과가 있을지 모르나, 슈뢰딩거는 이런 세계를 일상 세계와 교묘하게 연결시킨다.

그는 고양이 한 마리가 한 시간 내에 붕괴할 수도 있고 붕괴하지 않을 수도 있는 방사성 입자를 가진 상자 안에 갇혀 있는 경우를 생각해보자고 말한다. 만약 그 방사성 입자가 붕괴한다면, 어떤 중계 장치에 의하여 시안화물이 방출되어 고양이를 독살할 것이다. 슈뢰딩거는 한 시간 후에 고양이가 살아 있을지 죽어 있을지를 묻는다. 입자의 붕괴 여부가 관측되지 않았기 때문에, 그것의 가능성들 중에서 어느 쪽도 아직 실현되지 않았다. 오직 상자가 열렸을 때에만 그것의 가능성들이 실현될 것이다. 요컨대 상자가 열릴 때까지는 그 고양이는 살아 있는 것도 죽어 있는 것도 (또는 살아 있으면서 죽어 있는 것도) 아니다. 이것은 진정한 역설이며, 아인슈타인을 비롯한 여러 과학자들이 양자역학에 함축된 의미들로 인하여 난감해했던 이유이다.

부인과 첩이 한집에 살았던 그의 사생활은 옥스퍼드와 예일 대학교에서의 그의 지위에 비추어 너무 이국적이었다. 그러나 이런 사생활이 달의 어두운 면에 있는 멋진 분화구에 그의 이름을 붙이는 것을 막지는 않았다.

+ 역자주: 우리는 에너지를 자유롭게 형태를 바꾸어 사용할 수 있고 변환시킬 수도 있지만 그때마다 반드시 상응하는 대가를 치르게 된다. 이 대가란 본래 형태의 에너지가 가지고 있는 일할 수 있는 잠재능력, 즉 퍼텐셜(potential)의 상실이라고 표현한다. 생명체는 주위 환경으로부터 자유에너지를 흡수함으로써 엔트로피가 반대 방향으로 변할 수 있다. 이런 대부분의 자유에너지원은 바로 태양이다. 식물은 광합성을 함으로써 직접적으로, 동물은 식물이나 다른 동물을 먹음으로써 간접적으로 태양에 생존을 의존하고 있다. 슈뢰딩거는 "주위로부터 음의 엔트로피를 계속해서 얻음으로써 모든 생물은 살아간다. 유기체가 먹고 사는 것은 바로 음의 엔트로피이다. 생물은 주위로부터 질서를 흡수한다"라 말했다.

82. 마르틴 하이데거 Martin Heidegger
1889년 – 1976년

비록 그 자신은 그렇게 불리는 것을 단호하게 거부했지만, 마르틴 하이데거는 (특히 사르트르를 사로잡은) 주요 실존주의 철학자로 추앙받는다. 비록 모호하고 때로는 불가해한 그의 언어는 영미 분석철학의 전통에서는 그를 별로 중요하지 않은 인물로 만들었지만, 그의 사고는 분명 대륙철학에 영향을 미쳤다. 그의 명성은 나치당과의 연관과 나치당을 지지하는 그의 성명들에 의하여 가려졌다.

그는 종교적인 어린 시절을 보내면서 예수회 수련수사로 등록했고, 그런 다음 프라이부르크 대학교에서 신학을 공부했다. 여기서 그는 나중에 후설의 영향하에서 철학을 가르쳤다. 비록 하이데거의 견해는 자기 스승의 견해를 벗어났지만, 후설은 그를 자신의 후임자로 지명했다.

《존재와 시간》(1927년)과 《형이상학이란 무엇인가?》(1929년)에서 그는 '무(無)란 무엇인가?' 라는 물음을 제기했다. 논리는 부정적인 것은 어떤 긍정적인 것으로부터 나온다고 말한다. 그러나 하이데거는 그저 무 자체를 검토해보길 원하여, 그리하여 그는 논리를 초월한다. 무에 대하여 생각할 때, 우리는 우리의 기분들, 특히 그것이 우리 안에서 일으키는 공포감을 ― 실존주의의 용어로 '불안' 을 ― 의식한다.

그의 말에 따르면, 우리는 존재하지만 그럼에도 '거기에 있음' 은 [또는 현존재는] 우리의 삶에 늘 있는 사실, 즉 우리의 궁극적인 죽음에 대한 의식을 포함한다. 그래서 **죽음은 삶의 한 요소이다. 죽음은 삶의 모양을**

결정짓는다. 이와 유사한 방식으로 하이데거는 '무'가 존재의 모양을 결정짓는다고 말한다. 무는 존재의 반대가 아니라 그것과 공존하는 것이다.

'어떤 사람이 존재한다는 것은 무엇을 뜻하는가' 하고 물으면서, 하이데거는 '존재 방식'들에 주목하고 그것들을 경험철학이 아니라 현상학에 의하여, 말하자면 경험의 구조에 대한 자명한 통찰들에 의하여 검토하려 했다. 그는 사람들이 자신들의 본원적 세계의 진리들을 상실하고 자신들을 소외시키는 일방적 과학기술 문화에 마음을 빼앗겼다는 점에서 현대인들의 '존재 방식'은 비본래적이라고 생각했다.

하이데거는 자연과의 친교에서 매력을 느껴 한동안 소박한 농민의 생활을 시도했다. 그가 생각하기를, 비록 사람들은 자신들이 '던져진' 세계에 살면서 그 세계에 몰입될 수 있지만, 그들은 스스로 선택하고 방향을 정할 자유가 있다. 죽음에 이르러야 이런 가능성들이 사라진다. 그는 **'모든 사람은 여러 사람으로 태어나지만 한 사람으로 죽는다'** 라고 말했다.

하이데거는 철학의 미학적, 시학적, 신화학적 능력을 환영했던 독일 낭만주의의 상승세에 도달했고 나치주의에서 배출구를 발견했다. 1933년 히틀러가 수상이 되자, 하이데거는 프라이부르크 대학교의 총장이 되었고 〈새로운 독일에서 대학의 역할〉에 관하여 연설했다.+ 2차 세계대전 후 하이데거는 나치 사상에 반대하지 않은 벌로 5년간 수업을 금지당했다.

+ 역자주: 이 취임연설에서 하이데거는 나치운동의 위대함을 역설하고, 나치의 이념을 대학의 개혁에 수용해야 한다는 주장한다. 1년여의 재임기간 동안 하이데거는 여러 차례 히틀러와 제3제국의 이데올로기에 대한 낯 뜨거운 찬사를 늘어놓았다.

83. 루트비히 비트겐슈타인 Ludwig Wittgenstein
1889년 - 1951년

'세계는 사례인 것의 총체이다'는 20세기 철학에서 유명한 구절로 루트비히 비트겐슈타인의 《논리철학논고》(1922년)를 여는 말이다.

비트겐슈타인은 모두 음악을 좋아하고 재능을 가졌지만 쉽게 우울함에 빠지는 오스트리아 대부호의 여덟 자녀들 중 막내였다. 그의 네 명의 형제들 중 세 명은 자살했고, 비트겐슈타인 자신도 우울증 상태를 경험했으며, 때로는 격리된 장소에 틀어박혀 있을 필요가 있었다. 기계공학에서 시작한 비트겐슈타인은 케임브리지 대학교의 버트런드 러셀에게 끌렸고, 영국 분석철학 학파에 합류했다.

그의 사상은 흔히 《논리철학논고》로 대표되는 '전기' 비트겐슈타인과 그의 사후에 출판된 《철학적 탐구》(1953년)로 대표되는 '후기' 비트겐슈타인으로 나뉜다. 《논리철학논고》는 언어와 마음과 실재 사이의 밀접한 관계를 수립했다. 세계는 독립된 '원자' 사실들 또는 사태들로 구성되며, 이 원자 사실들로부터 더 큰 사실들이 만들어질 수 있다. 언어는 '원자' 명제들로 구성되며, 이 원자 명제들로부터 더 큰 명제들이 만들어질 수 있다. 그리고 사고와 언어는 그것들이 지시하는 사태들을 '그린다.' 비트겐슈타인은 낱말들은 그것들이 표상하는 것에 대한 그림을 만들어낸다는 비유를 사용한다. 이 그림은 그것이 표상하고 있는 사태의 구성요소들을 포함하고 있으며, 그것이 그리는 사태의 논리적 구조를 반영한다. 그래서 의미(meaning)란 실재하는 것에 대한 직접적 지시관계를 포함하며, 만약 어떤 명제의 구성요소들이 그러한 지시관계를 갖지 않는다면, 아무런 뜻(sense)도 전달될 수 없다.

논리 실증주의자들의 모임인 비엔나 서클은 비트겐슈타인의 '원자' 명제를 경험의 구성요소들로 간주했으며, 그래서 동어반복적인 진리도 지시하지 않고 경험에 의하여 확인된 진리도 지시하지 않는 진술들은 모두 헛소리(nonsense)라는 결론을 내렸다. 이런 결론은 윤리학, 종교, 미학을 비롯하여 철학의 전통적 관심분야 중 대부분을 제거했다. 하지만 비트겐슈타인은 이들보다는 덜 극단적이었으며, 비록 말할 수는 없지만 스스로 드러낼 수 있는 것들을 지적했다.[*]

《철학적 탐구》에서 그는 훨씬 덜 극단적인 입장을 취했으며, 이제는 언어를 다른 맥락에서는 다르게 사용되며 시간이 지남에 따라 의미가 변하는 삶의 일부로 다루었다. 그는 이런 언어의 다른 사용들을 '언어게임'이라고 부르면서, 특정한 게임들 안에서 적용되는 규칙들을 검토했다. 그는 철학을 언어의 오용으로부터 나온 '주문(呪文)'들로부터 해방시키길 원했다. 그의 말에 따르면, 언어는 삶의 일부이다. 그런데 그것이 형이상학에 들어가면 그것은 준거점들을 결여한다. 그는 이런 준거점들의 결여를 고정시켜줄 일상생활의 '거친 지면'이 없이 마찰 없는 얼음 위에서 미끄러지는 것에 비유했다.

비트겐슈타인은 자신의 《논리철학논고》가 의미에 관한 그것 자체의 규칙들을 위반했음을 인정하면서, 일단 기어 올라간 후에는 우리는 우리를 거기로 이끌어준 사다리를 차버려야 한다고 덧붙였다. 그러나 **철학자의 임무는 언어의 혼동을 줄임으로써 많은 철학적 문제들을 해결하기보다는 해소해야 한다**는 그의 견해는 여전히 남아 있다.

✝ 역자주: 비트겐슈타인의 《논리철학논고》는 "말할 수 없는 것에 대해서는 침묵해야 한다"는 문장으로 끝난다. 논리실증주의자들은 이것을 형이상학·윤리·종교·미학에 관한 명제들은 모두 헛소리라는 자신들의 입장과 유사한 입장을 표명한 것으로 받아들였다. 그러나 비트겐슈타인은 오히려 "물론 말로 표현할 수 없는 것들이 있다. 그것들은 스스로를 드러낸다. 그것들은 신비스러운 것이다"라고 말함으로써, 형이상학·윤리·종교·미학의 가치를 옹호했다.

84. 헤르베르트 마르쿠제 Herbert Marcuse
1898년 – 1979년

헤르베르트 마르쿠제는 당시 가장 대중적이고 널리 읽힌 철학자들 중 한 사람으로, 1960년대에 유명세의 정점에 도달하여 '신좌파의 아버지'라고 불렸다.[+] 하지만 그의 명성은 지속되지 않았다. 왜냐하면 그의 청중은 학문적 수준이 아니라 대중적 수준이었기 때문이다.

전 생애에 걸쳐 그의 철학은 헤겔주의와 마르크스주의 전통 안에 있었다. 그는 1919년 독일에서 실패로 끝난 좌익 스파르쿠스단 봉기에 참여했고, 나치가 권력을 잡자 스위스로 그다음에는 미국으로 달아나서 그곳을 자신의 집으로 삼았다.

《이성과 혁명》(1941년)에서 마르쿠제는 헤겔주의와 마르크스주의 사상을 현대 사회이론에 적용했다. 그러나 그에게 명성을 가져다준 것은 그의 후기 작품들 중 두 가지였다. 그는 1955년 《에로스와 문명》을, 그리고 1964년 《일차원적 인간》을 출판했다. 전자에서 그는 마르크스와 프로이트의 사상을 종합하면서, 전후(戰後) 세대가 오래된 제약과 금기를 해체하려던 바로 그 시기에 보다 자유로운 사회로 나아가는 길을 찾고자 했다. 문명은 필연적으로 억압을 수반한다는 프로이트의 주장에 주목하면서, 마르쿠제는 프로이트는 실제로 문화적 활동에서 보이는, 자유와 행복을 향한 인간의 무의식적 충동의 증거를 보여주고 있다고 논한다. 마르쿠제는 **노동의 소외가 없고 유희와 해방된 성욕을 위한 자유로운 공간을 가진 억압 없는 사회**의 대략적 윤곽을 그렸다. 그것은 보다 많은 자유를 갈망하는 급진적 학생들에게 매력적인 비전이었다.

마르쿠제의 《일차원적 인간》은 자본주의적 산업사회의 억압적 본성에 대한 비판서로서 숭배의 대상이 되었다. 그의 핵심주장은 과거의 억압자들이 보다 교묘한 사회적 통제들로 대체되었다는 것이다. 노동 계급이 혁명을 일으킬 잠재성은 현대 사회가 만들어낸 '거짓 필요'에 의하여 파괴되었고, 이 거짓 필요는 사람들을 생산과 소비의 그물망으로 빨아들였다. 그는 이렇게 말한다. '**사람들은 일용품들 속에서 자신들을 인식한다. 그들은 자동차, 하이파이 음향세트, 난평면 주택, 부엌 시설 등에서 자신의 영혼을 찾는다.**' 그리고 대중매체와 광고는 모두 이런 현상에 기여하여, 그것을 벗어나거나 초월하여 사고할 능력을 훼손시키는 일차원적 사회를 만들어낸다. 사회는 사람들을 그것의 생산 메커니즘에 종속시킨다.

이것은 자본주의에도 공산주의에도 영향을 받지 않은 세대에서 즉각적인 반응을 얻었다. 그러나 마르쿠제는 《억압적 관용》(1965년)에서 보다 논란의 여지가 있는 입장으로 나아간다. 현대의 관용은 억압적인 이야기의 발언과 '비본래적인' 사상들의 전파를 허용한다는 점에서 억압적이라고 주장한다. 일부 비판가들은 이것을 신좌파 사상과의 불일치에 대한 압박을 정당화하는 것이라고 보았다.

+ 역자주: 1960년대 초반 미국 사회를 분석하면서 정치적 급진주의를 실현하기 위한 변혁의 가능성이 거의 없음을 알게 된 마르쿠제는 비판적인 시대인식을 반영해 《일차원적 인간》을 저술한다. 하지만 1960년대 후반의 68혁명을 계기로 급진적 학생운동이 활발히 전개되면서 낙관적 전망으로 바뀌게 된다. 이런 반체제 세력을 가리켜 '신좌파'라 부르

는데 마르쿠제는 이런 활발한 활동에 고무되어 《해방론》(1969년)을 저술한다. 마르쿠제는 1960년대 후반 수많은 저작, 강연, 회의, 세계여행 등을 통하여 현대 사회를 끊임없이 비판하고 급진적 사회변혁을 요구했다.

프리드리히 폰 하이에크는 집단주의와 중앙계획에 눈에 띄게 반대한 20세기의 가장 위대한 사상가들 중 하나이다. 1차 세계대전에서 오스트리아-헝가리 군대에서 복무한 후, 그는 1920년대 초반 지성의 중심이었던 비엔나에서 (법학과 정치학) 박사학위들을 획득했다. 비엔나에서 그는 루트비히 폰 미제스(Ludwig von Mises: 1881년 - 1973년)의 경제사상에 영향을 받았고, 1974년 그가 노벨상을 받는 것도 경제학에서였다.

1930년대 영국의 런던정경 대학(LSE)에서 하이에크는 케인스주의 경제학에 반대한 소수의 사람들 중 하나였으며, 방법론적 개체주의에 기초를 둔 오스트리아학파의 입장을 설명하는 저작들을 출판했다. 방법론적 개체주의는 대규모의 거시 경제학적 방정식에서 아래로 내려가는 것이 아니라 개별적 참여자들의 자발적 행동들로부터 위로 올라가는 것이다.

하이에크는 부분적으로 나치주의의 사회주의적 뿌리를 보여주지만, **또한 중앙계획은 필연적으로 강제와 자유의 체계적 침식을 수반한다**는 것을 경고하기 위하여 저술된 《예속에의 길》(1944년)로 국제적 명성을 얻었다. 일반 대중에게 전달하기 위하여 축약된 이 책의 1948년 《리더스 다이제스트》판으로 대중적 명성을 얻었다.

시카고에 있을 때, 하이에크는 존 스튜어트 밀의 《자유론》 100주년에 《자유의 헌법》(1960년)을 출판하고, 자유로운 사회적·경제적 질서의 장점들을 설명하고 중앙계획의 오류들과 나쁜 결과들을 밝혔다.

　여러 주제들이 하이에크의 사상의 특색을 이루고 있다. 그것들 중 하나는 사회를 계획하는 사람들은 이를 위하여 필요한 지식에 접근할 수 없다는 '지식의 문제'이다. 그 지식은 분산되어 있으며 극히 일시적이다. 그래도 지식은 사회 안에 담겨 있으며, 사람들은 하이에크가 정보의 전달자로 간주했던 가격구조와 같은 신호들에 따라 움직인다.

　하이에크의 말에 따르면, **사회의 질서는 자생적이며 '인간의 설계가 아니라 인간의 행동의 결과'이다.** 사회의 질서는 그 성원들의 행동에 반응하며, 어떤 계획된 체계보다 더 많은 지식을 포함하고 사건들에 훨씬 더 빠르게 반응을 나타낸다. 사회의 질서는 시간이 지남에 따라서 진화해왔으며 환경에 의하여 시험을 받아왔다. 하이에크의 저서 《치명적 자만》(1988년)은 개인의 정신이 수많은 사람들에 의하여 자생적으로 창조된 사회보다 더 우월한 사회를 생각해낼 수 있다는 망상을 다룬다.

　《과학의 반혁명》(1955년)에서 하이에크는 사회연구에 관한 지식의 한계를 인식하면서, 물리학의 방법들이 사회연구에 적용될 수 있다는 견해를 '과학만능주의'(scientism)라고 말했다. 그는 단선적 예측들이 작용하지 않는 복잡한 질서를 다루면서, 미리 생각해둔 관념들에 따라서 사회를 개조하려는 사람들을 공격한다.

　하이에크는 전후(戰後) 자유사회와 자유경제를 옹호하는 몽 페를랭 협회(Mont Pelerin Society)를 주도했으며, 사회주의 경제와 전체주의 사회의 몰락으로 자기 생애의 연구가 입증되었다고 생각하면서 살았다.

길버트 라일은 옥스퍼드 대학교에서 철학을 가르쳤고, 2차 세계대전 중에는 정보부에서 복무했다. 그는 영국의 분석철학 학파에 속했으며 러셀과 비트겐슈타인에게 영향을 받았다.

그는 **철학의 임무는 '되풀이되는 오해들과 어리석은 이론들의 원천을 어구(語句)들 속에서 발견하는 것'** 이라고 생각하면서, 어떻게 언어가 논리적 오류의 원인이 될 수 있는가를 보여주기 위하여 《체계적으로 오해를 일으키는 표현들》(1932년)을 출판했다. 그는 두 다른 사물들이 문법적으로 같기 때문에 논리적으로도 같은 범주에 놓이게 되는 '범주착오'(category mistakes)라는 것을 발견했다. '그녀는 가마를 타고 눈물을 홍수처럼 흘리면서 집에 왔다' 라는 문장에서⁺ 우리는 홍수 같은 눈물을 가마처럼 개인용 교통수단의 한 형태로 생각해서는 안 된다.

라일의 가장 유명한 책 《마음의 개념》(1949년)은 '데카르트적 이원론의 관에 마지막 못을 박았다' 고 평가된다. 이 책에서 그는 데카르트가 마음과 몸을 서로 다른 범주로 나눈 것은 우리가 생물학을 이해하기 이전에 나온 생각이라며 거부했다. 라일의 말에 따르면, 인간의 몸이 공간 안에 존재하고 기계론적 법칙에 따른다고 생각하면서, 공간 안에 존재하지도 않고 기계론적 법칙에 따르지도 않는 신비스런 존재자를 그것에 덧붙이는 것은 우리를 어리둥절하게 만든다. 기억할만한 문구에서 그는 그 신비스런 존재자를 '기계 속의 유령'(ghost in the machine)이라고 묘사한다. 그는 마음은 실상 '몸에 속하는 소질들과 능력들의 집합'이며, 몸의 지적인 행동일 뿐이라고 제안한다.

그는 생각이 모든 행위에 앞서야 한다는 것을 부인하면서, 생각 자체가 하나의 행위라고 지적한다. 그는 어떤 생각에 앞서서 그 생각에 대한 생각이 먼저 있어야 하는가라고 물으면서, '라일의 퇴행'이라고 알려진 무한퇴행을 밝혔다.

논란의 여지가 있지만, 라일은 모든 심리적 활동이 (은밀한 활동이나 움직임이 아니라) 목격할 수 있는 활동이나 행동을 가리켜야 하며, 그 행동은 '인간 육체의 작용들 외에 다른 어떤 것도 가리킬 필요가 없다'고 주장한다. 심리에 관한 진술들은 일정한 상황하에서 개인들이 행할 (또는 행할 수도 있는) 것에 대한 진술들로 고쳐 말할 수 있다. 어떤 사람들은 이것을 철학적 행태주의를 부르는데, 이것은 심리에 관한 이야기를 내면적인 삶이 아니라 행위에 근거하여 재구성한다. 라일은 내면적인 삶의 '내적인 독백이나 조용한 혼잣말'을 인정했다는 점에서 오직 '약한' 행태주의자이다.

라일은 철학을 지도를 만드는 것에 비유했다. 어떤 마을 사람이 습관에 의하여 자기 마을의 지리에 밝은 것처럼, 우리는 언어를 흡수했기 때문에 그 언어를 말하는 것이다. 그러나 철학에서는 표현들이 때때로 서로 충돌하는 '의미의 실마리'를 갖는다는 사실을 알아야 한다. 그는 폭풍 속에서 '비록 마지못해 하지만(reluctantly), 자발적으로(voluntarily) 힘써 일했던' 피곤한 항해사의 예를 이용하여, 우리가 이 두 부사(副詞)들의 [즉 '마지못해 하지만'과 '자발적으로'의] 사용에 적용되는 일반적 개념들을 알지 못한다면, 이 두 부사들은 서로 충돌하는 것처럼 보인다는 것을 관찰한다.[++]

라일 자신의 언어는 칭찬할만할 정도로 명쾌하다. 실제로 그는 철학
의 '일상언어' 운동에 참여했다.

† 역자주: 이 문장을 우리말로 번역하면서 '가마를 타고' 와 '눈물을 홍수처럼 흘리면서'
로 표현했지만, 원어로는 'in a sedan chair' 와 'in a flood of tears' 로 전치사 'in' 다음
에 명사구가 오는 동일한 문법적 형태를 띠고 있고, 이 둘은 다시 나란히 어구를 잇는
'and' 로 연결되어 있다. 라일이 말하는 범주착오는 이런 문법적 형태의 동일성이 'a
sedan chair' 와 'a flood of tears' , 즉 '가마' 와 '홍수 같은 눈물' 을 같은 범주에 속하는
대상들, 즉 개인용 교통수단이라는 범주에 속하는 대상들처럼 보이게 만드는 경우를 포함
한다.

†† 역자주: 흔히 어떤 일을 '마지못해' 한다는 말과 '자발적으로' 한다는 말이 서로 대립
되는 표현들이라고 생각하기 쉽다. 그러나 사실 이 두 표현들은 겉보기에만 그렇게 보일
뿐이다. 어떤 일을 '자발적으로' 한다는 말은 그 일을 행하도록 강요당하지 않았음을 뜻
한다. 그런데 때로는 하고 싶은 일은 아니지만 강요를 당하지는 않았고 스스로 그 일을 하
겠다고 나서야 하는 상황이 있는 법이다. 이런 상황에서 나는 그 일을 '마지못해' 행하지
만 여전히 자발적으로 행한다고 말할 수 있다.

87. 마이클 오크쇼트 Michael Oakeshott
1901년 - 1990년

마이클 오크쇼트는 정치가의 길보다 학자의 길을 선택했지만 중요한 보수주의 철학자이다. 세실 경의 말로 '변화에 반대하는 경향'이라고 표현되는 보수주의 철학의 전통주의적 부류에는 운 좋게도 굉장히 유력하고 설득력 있는 두 사람의 작가들이 있었는데, 그들이 바로 에드먼드 버크와 마이클 오크쇼트이다.

오크쇼트는 보수주의의 두 가지 요소를 강조한다. 하나는 친숙한 사물들에 동반하는 애정과 편안함이다. 다른 하나는 합리적 분석을 통하여 인간이 자신의 사회나 주위환경을 변화시킬 능력에 대한 깊은 회의이다. 실로 오크쇼트는 자신의 저서 《정치적 합리주의》(1962년)에서 합리주의를 공격한다. 그는 합리적 사고 자체에 반대하는 것이 아니라 다른 유형의 경험을 요구하는 분야에서 합리적 사고를 부적절하게 사용하는 것에 반대하는 것이다. 그의 말에 따르면, 정치학은 합리적 사고가 남용된 분야이다.

오크쇼트는 합리주의자들이 사회를 분석하려고 시도하지만, 그렇게 하면서 그들은 필연적으로 사회를 축소시키고 중요한 요소들을 놓친다고 말한다. 그의 말에 따르면, 도덕적 관념은 종교적 혹은 사회적 전통에 매달려 있는 퇴적물이며, 그것만 따로 분리하여 쉽게 걸러내거나 고찰할 수 없다.

정치적 기술은 완벽한 사회를 찾는 것이 아니며, 궁극적인 목적이 없다. 한 유명한 비유에서 그는 이렇게 말한다. '**그렇다면 정치적 활동에서 사람들은 경계도 없고 바닥도 없는 바다를 항해한다. 거기에는 배를 피할 항구도 닻을 내릴 바닥도 없고, 출발지도 정해진 목적지도 없다.**' 그 목적은 계속 떠 있는 것이며, '모든 적대적 상황을 자기편으로 만들기 위하여 전통적인 행동방식을 수단으로' 이용하는 것이다.

합리적·과학적 원리를 적용하여 완벽한 사회를 이루려는 사람들은 가치 있는 것과 세월의 시험을 견뎌낸 것을 상실할 위험에 처한다. 오크쇼트가 말하기를, 현명한 사람은 이미 가지고 있는 성취와 충족의 기회로 만족한다. 보수주의적 경향에는 진보적 사상가들이 집착하는 불안한 유토피아적 이상이 없으며, 대신 바로 지금 여기서 만족을 구한다.

자신의 저서 《보수주의에 대하여》에서, 오크쇼트는 그 경향을 구성하는 특징들을 설명한다. 그는 '보수적이라는 것은 알려지지 않은 것보다 친숙한 것을 선호하고, 확인되지 않은 것보다 확인된 것을, 신비보다 사실을, 가능한 것보다 현실적인 것을, 무제한적인 것보다 제한적인 것을, 멀리 있는 것보다 가까이 있는 것을, 지나치게 많은 것보다 충분한 것을, 완벽한 것보다 편안한 것을, 유토피아의 행복보다 현재의 웃음을 선호하는 것이다'라고 적었다. 이것은 진보와 완벽을 끊임없이 추구하는 인간에 대한 강력하고 설득력 있는 비판이다.

88. 칼 포퍼 Karl Popper
1902년 – 1994년

십대의 칼 포퍼는 열등감의 발견으로 유명세를 얻은 알프레드 아들러(Al-fred Adler : 1870년 – 1937년)에게 '확실히 아들러의 이론에 맞지 않는 것처럼 보이는' 새로운 사례를 제시했다. 아들러는 즉각 그 사례를 열등 감의 관점에서 설명했다. 그는 '나는 그것을 천 배의 경험을 통하여 알고 있다'고 젊은 포퍼에게 말했다. 포퍼는 그렇다면 그것이 천한 번째 사례 이며, 다른 어떤 '사례'도 이 사례보다 더 인상적이지 않다고 생각한다고 대답했다. 포퍼는 **모든 것을 설명하려는 이론은 우리에게 아무것도 말해주지 않으며, 반박될 수 있는 이론만이 지식을 확장시킬 수 있다**는 것을 알아냈다.

당시에 유행했던 이론들과 관련하여, 포퍼는 프로이트와 아들러와 마르크스의 이론은 여하한 사정에서도 논박될 수 없는 데 반하여, 아인슈타인의 이론은 만약 관찰이 그것에 맞지 않는다면 틀릴 이론으로 증명될 수 있다고 인식했다. 포퍼는 《탐구의 논리》(*Logik der Forschung*, 1934년)를 출판하여 과학적 방법에 대한 자신의 분석을 설명했다. 그것이 영어로는 《과학적 발견의 논리》(*The Logic of Scientific Discovery*, 1959년)로 번역되었다.

포퍼는 과학은 반복된 관찰로부터 이론들을 산출하고 그런 다음 그 이론들을 실험에 의하여 증명하는 귀납법에 의하여 진행된다는 관념을 뒤집었다. 대신에 포퍼는 과학은 관찰들에 관심을 집중시키는, 즉 그것 들에 의의를 부여하는 이론을 필요로 하고, 문제들을 해결하기 위한 이론들을 추측한다고 말한다. 포퍼의 말에 따르면, 실험은 결코 이론들을 증명할 수 없지만 그것들을 반박할 수는 있다. 검증과 반증 사이에는 비대칭이 있다. 왜냐하면 몇 번의 시험을 통과해도 그것이 어떤 이론이 결정적으로 참임을 증명할 수 없는 반면에, 단 하나의 반례로도 그 이론을 무너뜨릴 수 있기 때문이다. 가치 있는 이론은 틀리다고 증명될 수도 있지만 아직 틀리다고 증명되지 않은 이론들이다. 왜냐하면 이 이론들이 바로 믿기 어려운 상황들을 예언하고 시험할 수 있게 해주는 이론들이기 때문이다.

논리 실증주의자들과 달리, 포퍼는 형이상학을 헛소리라고 무시하지 않는다. 그러나 그는 과학적 진술과 비과학적 진술을 구별한다. 과학적 진술은 시험될 수 있고 어쩌면 반박될 수 있는 진술이다. 그래서 포퍼는 과학은 반증된 이론들을 제거함으로써 전진하는 잠정적 지식의 무리라고 본다. 그는 이것을 '객관적 지식'이라고 말하면서, 이것이 진리에 대응한다고 주장한다.

포퍼의 과학철학은 자신의 사회적·정치적 사고방식을 설명한다. 그는 오스트리아가 나치 독일에 합병되자 오스트리아에서 달아날 수밖에 없었고, 뉴질랜드에서 저술을 하면서 전쟁기간을 보냈다. 《역사주의의 빈곤》(1944년)에서 그는 역사가 불가피한 결말로 이어질 것이라는 주장을 광신적인 행위와 억압을 정당화하는 또 하나의 시험될 수 없는, 즉 비과학적인 주장이라고 공격한다. 《열린사회와 그 적들》(1945년)에서 그는 플라톤, 헤겔, 그리고 마르크스를 전체주의의 옹호자들이라고 열정적으로 비난하고, 미리 생각해놓은 새로운 질서를 강요하기보다는 '점진적 사회 공학'(piecemeal social engineering)을 실행하는 개방된 민주적 사회를 활발하게 옹호했다.

89. 아서 쾨슬러 Arthur Koestler
1905년 – 1983년

아서 쾨슬러는 20세기의 소란스러운 사건들에 대응하여 유럽의 많은 지식인들이 일으킨 철학적 운동의 상징이었다. 헝가리계 유대인이라는 배경을 가진 그는 이 사건들 중 몇몇에 휩쓸렸고 그것들에 의하여 그의 사상의 형태가 만들어졌다. 그는 1920년대에 비엔나에서 공부했던 심리학 학위과정을 끝마치지 못했지만 팔레스타인의 키부츠에서 연구를 했고, 그런 다음 1931년에 공산당에 가입하면서 코민테른을 위한 선전활동을 했다.

1938년 모스크바에서 열린 스탈린의 여론조작을 위한 재판은 그의 사고방식에 심각한 영향을 미쳤고, 그래서 그는 공산당을 떠나서 공산당의 가장 유력한 비판가들 중 하나가 되었다. 그의 이러한 경험은 그의 가장 유명한 소설 《정오의 어둠》(1940년)을 낳았지만, 이 소설은 또한 그 자신의 감옥에서의 경험으로 장식되었다. 스페인 내란에서 한 영국 신문 기자였던 그는 프랑코 군대에 체포되어 사형을 선고받았다. 그는 몇 달 동안 감옥에 있으면서 교환으로 풀려날 때까지 매일 사람들이 처형되는 소리를 들었다.

《정오의 어둠》은 스탈린의 여론조작을 위한 재판에 대한 정치적 각색으로, 여기서 주역인 루바쇼프는 처음에는 부인하다가 나중에는 자신이 저지르지도 않은 범죄를 자백하게 된다. 폭력적 혁명은 그것을 실행한 사람들을 타락시킨다는 것을 암시함으로써 그는 '왜'라는 질문에 답한

다. 루바쇼프는 (조지 오웰이 말한 것처럼) '정의와 객관적 진리라는 것
이 오래전부터 그에게 아무런 의미도 없었기' 때문에 자백한 것이다. 그
의 영혼은 공산당에 의하여 타락하였다. 《실패한 신》(1950년)에서 쾨슬
러는 예전의 공산주의 지식인들을 모아놓고 왜 그들이 환멸을 느끼게 되
었고 자신들의 꿈을 포기하게 되었는지를 설명했다.

　　전 생애에 걸쳐서 쾨슬러는 초(超)과학적인 현상에 관심을 가졌었고,
심지어 사후에 에든버러 대학교의 초심리학과 교수직 설치에 기금을 기
부했다.[+] 그는 팀 리어리(Time Leary)와 함께 환각제인 LSD를 경험했
지만, 그것으로 인한 환각들이 의미 있는 통찰을 준다는 올더스 헉슬리
(Aldous Huxley)의 견해에 동의하지 않았다. 그는 반대로 '그것들은 확
신의 성격으로 우리 자신의 신경체계에 영향을 미치는 환각들'이라고 말
했다.

　　《기계 속의 유령》(1960년)에서 쾨슬러는 인간의 원초적인 정서적 반
응들과 나중에 발생한 이성적 활동 사이의 긴장관계를 다룬다. 쾨슬러는
인간의 본능적 반응들이 인간을 자멸로 이끌 것이라고 확신하면서, 이것
을 막기 위하여 뇌의 화학적 변화를 제안한다.

　　그는 인도와 일본을 여행하면서 요가와 참선 같은 동양의 명상적·초
월적 체계들이 서양적 사고의 본성을 향상시킬 수 있을지를 알아보기 위
하여 그것들을 고찰했다. 그러나 그는 《연꽃과 로봇》을 저술하여 자신의
실패를 묘사했다 — **나는 깊은 뉘우침으로 여행을 시작했지만, 유럽인이라
는 것을 약간은 자랑스럽게 여기면서 돌아왔다.'**

✛ **역자주:** 자신의 유언장에서 쾨슬러는 초과학적인 현상의 연구를 장려하기 위하여 영국 대학에서 초심리학(parapsychology; 초감각적 지각, 염력, 사후 의식의 생존을 비롯한 초상현상(超常現象) 사건을 연구하는 학문) 교수직을 설치하는 데 1백만 파운드의 재산을 남겼다. 그러나 옥스퍼드와 케임브리지를 비롯하여 영국의 유명 대학들은 대부분은 그의 요청을 거부했고, 이 요청을 유일하게 받아들인 곳이 에든버러 대학교였다.

아인 랜드의 철학은 대체로 그녀의 소설에 표현되어 있다. 혁명 이후의 러시아에서 망명한 사람으로서, 그녀는 미국에 정착하여 할리우드에서 각본 저술을 시작했다. 그녀의 작품들에는 《새 지식인을 위하여》(1961년), 《자본주의의 이상》(1966년), 《객관주의적 인식론 입문》(1979년)이 포함된다. 그러나 그녀의 사상을 가장 널리 유포한 것은 그녀의 대중적인 소설들이었다.

그녀의 첫 번째 베스트셀러인 《마천루》(1943년)에서는 자신의 원칙을 굽히길 거부하는 뛰어난 건축가가 등장한다. 그는 랜드의 철학에 중심적인 급진적 개인주의를 체현한다. 이 책의 성공을 거두고 게리 쿠퍼(Gary Cooper)가 주연을 맡은 이 책의 영화판이 성공을 거둔 것은 랜드를 더 넓은 독자들에게 소개시켰다. 나중에 나온 그녀의 작품 《아틀라스》(1957년)는 지도적 혁신자들과 실업가들이 받은 신비한 충격을 묘사하고 있으며, 아직도 해마다 수십만 부씩 팔리고 있다.

랜드는 자신의 철학을 '객관주의'라고 불렀으며, 아리스토텔레스와 아퀴나스처럼 소위 공리(公理) 혹은 자명한 원리에서 그것을 끌어낸다. 제1원리는 실재가 의식적인 마음과 관계없이 객관적인 절대자로서 존재한다는 것이다. 존재하는 것은 무엇이든 독특한 본성을 가지고 있다. 하나의 사물이란 존재하는 것이고, 그것의 특징들이 그것의 정체성을 구성한다. 의식은 존재하는 사물들을 지각하는 능력이다.

랜드의 철학체계에 근본적인 것은 **지식은 의지에 의하여, 즉 신앙 혹은 계시에 의하여 자동적으로 얻어지는 것이 아니라 이성의 적극적 사용에 의하여 얻어진다**는 생각이다.

랜드는 인간의 생명이 도덕적 가치의 기준이고, 이성은 인간의 기본적인 생존수단이라고 주장했다. 그녀 개인들이 자기 자신의 행동의 수혜자들이어야 한다는 결론을 내렸다. 사람들은 (생명, 자유, 재산소유를 비롯한) 자신의 합리적인 자기이익을 추구할 권리를 가진다. 이것은 즉각적이고 일시적인 만족과 동일시되지 않는다. 차라리 이것은 한 사람의 인생의 체계적 향상이다. 랜드의 견해로는, 합리적인 개인들 사이에는 이해관계의 충돌이 없다. 개인들은 서로의 권리를 일관성 있게 존중하는 것의 가치를 인정하면서, 자기 자신들뿐만 아니라 다른 사람들도 희생시키지 않는다. 모든 사람들은 자유로운 개인들의 창의성으로부터 이익을 얻을 수 있다. 물리적 폭력의 시작은 이성적인 마음에 대한 저주이다.

그녀는 이렇게 말했다. '**나의 철학은 본질적으로 인간은 영웅적 존재라는 개념이다. 이런 인간은 자신의 행복을 인생의 도덕적 목표로 보고, 생산적 성취를 자신의 가장 고귀한 활동으로 보고, 이성을 자신의 유일한 절대자로 본다.**' 이러한 철학은 그녀가 자유방임적 자본주의를 지지하게 하였고, 개인의 권리를 보호하기 위하여 필요한 활동을 넘어선 정부의 활동을 반대하게 하였다.

랜드는 오늘날 특히 젊은 사람들 사이에서 많은 추종자를 가지고 있다. 이들은 그녀의 합리적 개인주의 철학에서, 그리고 지식의 객관주의가 그녀의 철학의 윤리적·정치적 자세와 맞물려서 돌아가는 방식에서 매력을 느꼈다.

91. 장 폴 사르트르 Jean-Paul Sartre
1905년 – 1980년

장 폴 사르트르는 20세기의 가장 유명한 프랑스 철학자였지만, 학구적인 세계보다는 일반 지식계급 사이에서 많은 추종자를 거느렸다. 이는 그가 일반 대중의 인기에 영합하려 했기 때문이다. 사르트르에 대한 항구적인 이미지는 그가 좋아했던 카페에서 한 손에는 담배와 다른 한 손에는 커피를 들고 그의 말에 매달리는 애독자와 함께 앉아 있는 그의 모습을 보여준다.

사르트르는 전후 세대의 대변자였으며, 그의 사상은 부분적으로 엘리트주의 고등사범학교에서＊ 받은 교육으로 형성되었다. 기상학자로 프랑스 군대에 징집된 그는 1940년 독일인들에게 붙잡혀 수감되었지만, 1년 후에 건강상의 이유로 풀려났다. 감금에서 겪은 자유의 상실은 아마도 그가 각본과 소설, 정치적 저술과 철학적 논문에서 표현했던 자유에 대한 견해에 확신을 주었을 것이다.

그의 철학의 중심에는 실존주의가 있었다. 실존주의는 '즉자존재' (being-in-itself)와 '대자존재' (being-for-itself)를 구별한다. 기본적으로, 그 자체로 존재하는 사물들, 즉 파괴될 때까지는 변하지 않는 고체와 같은 사물들이 있다. 다음으로 인간들, 즉 자신들을 위하여 존재하는 의식적 존재들이 있다. 요점은 인간들이 다른 대상들처럼 정의되지도 고정되지도 않는다는 것이다. **인간은 자신의 결정과 행동으로 스스로를 만든다.** 인간은 자신이 죽을 때까지는, 그리고 더 이상 자신을 변화시킬 수 없을 때까지는 완전히 정의될 수 없다.

《존재와 무》(1943년)에서, 사르트르는 인간은 고독하며, 의지할 것도 없으며, 자신의 존재에 대하여 완전히 책임져야 한다고 주장했다. 인간은 자신이 살아가는 방식에 의하여 자기 자신의 '본질'을 창조한다. 따라서 인간의 경우에는 특징적으로 그의 존재는 그의 본질에 선행한다. 인간은 자유롭다. 사르트르의 말에 따르면, 자기 자신에 대하여 완전히 책임져야 하는 불안을 경험할 정도로 '무섭도록 자유롭다.'

사르트르는 생명에는 아무 외적인 목적이 없음을 강조했다. 그는 '모든 존재는 이유 없이 태어나 연약하게 삶을 이어가다 우연하게 죽는다'고 적었다. 인간의 완전한 자유는 이런 책임의 부담 때문에 인간을 압박한다. **인간은 '자유라는 저주를 받았다.'** 사르트르의 《닫힌 방》(1944년)은 지옥을 무대로 하고, 거기서 등장인물들은 더 이상 자신들을 변화시킬 자유가 없고 서로를 영원히 괴롭힐 수 있을 뿐이다 — 그러므로 그 각본의 메시지는 '타인들이 바로 지옥' 이라는 것이다.

사르트르는 작가들이 사회적·정치적 쟁점들에 참여할 의무가 있다고 생각했다. 그는 처음에는 소련에 대하여 옹호했다가 나중에는 급진적인 신좌파 사상을 옹호하면서, 체 게바라(Ché Guevara)를 '시대의 가장 완벽한 인간' 이라고 묘사했다. 정치적 이유로 그는 1964년에 수여된 노벨상을 공식적으로 사양했다.++

+ 역자주: 프랑스의 고등사범학교(Ecole Normal Supérieure)는 기초과학 및 응용과학 연구원과 대학교수, 공직이나 기업에서 일하려는 학생들에게 높은 수준의 과학수업을 제

공한다. 특히 파리 고등사범학교는 유럽에서 가장 유명한 교육기관 중 하나로서, 프랑스
에서 가장 경쟁적인 시험을 통하여 학생을 선발한다. 이 학교의 졸업생들 가운데는 노벨
상 수상자들이 수두룩하며, 사르트르를 포함하여 유명한 철학자들과 정치가들도 헤아릴
수 없이 많다.

++ 역자주: 사르트르가 노벨상 수상을 거부한 이유를 대략 다음과 같다. "정치적이거나
사회적 혹은 문학적으로 어떤 태도를 가진 작가는 자기 자신의 수단, 즉 자신이 쓴 글을
가지고만 행동해야 한다. 작가가 어떤 영예를 받게 될 경우, 그는 자신의 독자들을 '바람
직하지 않은' 어떤 압력에 노출시키게 된다. '장 폴 사르트르'라는 이름으로 된 작품과
'장 폴 사르트르 노벨문학상 수상자'라고 인쇄된 작품은 이미 다르다. 작가가 이 같은 종
류의 영예를 받게 되면 그는 자기에게 이 영예를 준 기관이나 협회와 관련을 맺게 된다.
예를 들어, 베네수엘라의 지하운동에 대한 나의 동정심은 내 자신과 관련된 일이지만, 만
약 '노벨문학상 수상자 사르트르'가 베네수엘라의 지하운동을 지지한다고 하면 이는 한
기구로서의 노벨상 전체를 끌고 들어가게 된다. 이런 이유에서 작가는 비록 그것이 지금
처럼 가장 영예로운 조건에서 이루어지는 것이더라도 자기 자신을 어떤 기구나 제도에
관련시키는 것을 허용해서는 안 된다."

92. 한나 아렌트 Hannah Arendt
1906년 – 1976년

한나 아렌트는 권력과 자유라는 주제를 택하여 20세기 정치철학에 중대한 기여를 했다. 러시아 태생의 독일 중산층 유대인 가정에서 태어난 그녀는 20세기를 결정지은 격동적인 사건들 중 몇몇을 직접 경험했다. 그녀는 후설 및 하이데거와 함께 (후자와 불륜관계를 가졌다) 철학을 공부했지만, 게슈타포에게 체포되었다가 프랑스로 달아났다. 그러나 2차 세계대전 중 [독일에게 점령된] 프랑스 지역의 수용소에서 달아났고, 그녀는 그 이후로 미국에서 경력을 쌓았다.

《전체주의의 기원》(1951년)은 그녀에게 환호와 논쟁을 불러왔다. 왜냐하면 그녀는 스탈린의 공산주의와 히틀러의 나치즘을 둘 다 전통적인 정치질서의 붕괴에서 나온 것이라고 간주했기 때문이다. 그녀의 말에 따르면, 전체주의는 제국주의의 영향으로 지역적인 국민국가들의 붕괴에 의하여, 그리고 시민이나 계층 대신에 자신들을 하나의 인종과 동일시하려는 사람들의 경향에 의하여 가능해진 통치의 새로운 형태였다. 1차 세계대전의 혼란과 대공황은 사람들로 하여금 자신들이 상상한 역사의 법칙과 더불어 전체주의 정권들에 의하여 주어진, 미래를 향한 분명한 방향을 구하게 만들었다. 공포와 이데올로기가 이제는 통치를 위하여 사용되었고, 동일한 '법칙'에 의하여 정당화되었다.

《인간의 조건》(1958년)에서 그녀는 노동(labor), 일(work), 행동(action), 그리고 이전의 문화들에서 그것들이 가능케 했지만 지금은 잃어버린 것에 대하여 검토했다. 그녀의 주장은 **서양철학이 행동과 경험의 세계에 대한 관심을 잃어버리고, 플라톤과 더불어 사물들의 배후에 있는 추상적인 것들과 본질들에 관심으로 후퇴했다**는 것이다. 그리하여 사람들은 세속적인 활동을 통하여 얻는 해결책들 대신에 종교적인 해결책을 구하려고 하면서, 창의적인 활동에 의하여 새로워지려는 자신들의 능력을 상실했다.

《혁명에 대하여》(1963년)에서 아렌트는 역사적 힘들이 혁명들을 형성했다는 생각에 반대하면서, 혁명들의 본질은 인간의 행동에 있다고 주장했다. 그녀에게 성공적인 혁명은 미국의 독립혁명이고, 반면에 프랑스와 러시아의 혁명들은 그 목적을 달성하는 데 실패한 혁명들이었다. 그녀는 작은 구역들에 대한 제퍼슨의 생각과 그것들이 구현하는 대중 참여적 자유에 대하여 찬성했다.

이스라엘에서 열린 (나치의 유대인 대학살 범죄에 관한) 아이히만(Adolf Eichmann)의 재판에 대한 그녀의 보도와 저서 《예루살렘의 아이히만》(1963년)으로 논란이 다시 일어났다. 그녀는 아이히만을 괴물이라기보다는 관료라고 간주했고, '**악의 평범함**' 이라는 문구를 만들어냈다. 그녀는 아이히만이 '무섭도록 정상적' 이었고 '이런 정상적임이 모든 잔학행위들을 합쳐놓은 것보다 더 무서웠다' 고 주장했다. 그것은 평범한 사람들이 어떻게 될 수 있는지를 보여주었다.

아렌트는 살아 있는 동안 명성을 얻어 프린스턴 대학교 최초의 여자 정교수가 되었다. 그 이후로도 줄곧 존경을 받아온 그녀는 그녀의 이름을 딴 소행성을 갖게 되었다.

93. 허버트 하트 H. L. A. Hart
1907년 – 1992년

허버트 하트는 20세기 가장 중요한 법철학자들 중 한 사람이다. 옥스퍼드 대학교의 법학교수로서 그는 분석철학을 법률 연구에 적용했다. 그는 자연법에 대립되는 실정법을 옹호하였으며, **법은 사회의 도덕성을 강요하는 데 이용되어서는 안 된다**고 주장했다.

하트는 법이 강제에 의하여 뒷받침되는 군주 의지의 표현이라는 오스틴의 견해를 물리치는 데 관심을 가졌었고 법과 도덕 사이에는 필연적인 연관이 없다는 견해를 취했다.* 이것은 법률이 보편적인 인간 본성에서 도출되며 모든 곳에서 타당하다고 간주하는 자연법사상과 대조된다.

《법의 개념》(1961년)에서 하트는 법과 강제의 연관이 법과 도덕의 연관보다 더 필연적이지 않다고 주장했다. 그의 말에 따르면, 도덕적 정당화가 없는 경우에도 법적 권리들이 존재할 수 있다. 법을 준수할 의무는 당국에서 부과한 강제에서가 아니라 우리 사회의 일반적인 규칙들에서 나온다.

하트는 저서들과 강의들에서 법률은 사회의 파괴를 막기 위하여 도덕성을 부과해야 한다는 데블린 경의 주장에 반대되는 주장을 논했다. 《법·자유·도덕》(1963년)에서 그는 존 스튜어트 밀의 전통을 따르면서, **법의 활동은 사람들이 서로 해를 입히지 못하게 하는 데 국한되어야 한다**고 말했다. 피해자가 없는 활동이 범죄로 간주되어선 안 된다.

하트는 사회가 그것의 도덕성에 의하여 정의된다는, 혹은 비도덕성이 사회를 위협한다는 증거는 없다고 말한다. 반대로 사회가 파괴되지 않았는데도 도덕은 시간이 지남에 따라 변한다. 그리고 민주주의의 이익은 다수자들이 의견을 달리하는 소수자들에게 자신들의 의지를 강요하는 것을, 혹은 그들의 생명이나 자유나 재산을 위협하는 것을 정당화하지 않는다.

하트는 공적인 품위를 손상시킬 수 있는 부도덕과 단지 사람들을 괴롭히는 사적으로 일어난 부도덕을 구별했다. 법은 이중결혼 혹은 매춘의 공적인 표현들을 불법으로 금지할 수는 있지만, 그것들의 순전히 사적인 표현들을 그렇게 할 수 없다.

그 논쟁의 중요성은 사적으로 행해진 동성애와 매춘이 불법이어선 안 된다고 권고한 1957년 볼펜덴 보고서(Wolfenden Report)에서 표면화되었다. 데블린 경을 제외하고는 모든 볼펜덴 위원회의 위원들은 하트의 견해를 취하여, '간결하고 노골적인 표현으로 **법이 관여하지 않는 사적 도덕과 부도덕의 영역이 남아 있어야 한다**'고 말했다. 반면에 데블린 경은 '파괴적인 활동의 억제가 법이 관여할 바인 만큼, 악덕의 억제도 법이 관여할 바이다'라고 말했다. 하트의 견해가 궁극적으로 우세했고, 그 보고서의 권고가 실행되었다.

+ 역자주: 이런 견해를 취하는 입장을 '법실증주의'(legal positivism)라고 부른다. 이런 입장의 극단적 형태는 어떤 법률의 타당성은 결코 그것의 도덕성에 의해 결정되지 않는다고 주장하는 반면, 덜 극단적인 형태는 어떤 법률의 타당성이 때로는 도덕성에 의해 결정될 수도 있음을 인정한다. 하지만 모든 형태의 법실증주의는 공통적으로 모든 법률의

도덕성과 합법성 사이에 어떤 필연적 연관이 있음을 인정하는 않는다. 따라서 이런 입장
에서 법률은 도덕의 영역과 구분되면서, 그 자체로 고유한 권위의 원천을 가진 독립적 의
무와 허용의 영역을 확립한다.

자기 시대의 가장 유명한 학자들 중 하나였던 이사야 벌린은 자신의 사상을 정의할 어떤 학설도 없기에 제자를 남기지 않을 것이라고 말했다. 그것이 바로 요점이다. 그는 다원주의와 관용의 선도적 옹호자로서, 인간의 생각 혹은 역사를 요약할 수 있는 단일한 사상은 없다고 주장했다. (오늘날의 라트비아에 있는) 리가에서 러시아계 유대인으로 태어난 그는 어린 시절에 공산당의 경찰이 어떤 사람을 붙잡아서 죽이는 것을 보았고, 평생에 걸쳐 독재에 대한 혐오감을 품게 되었다. 그가 11살이던 1920년에 그의 가족은 영국으로 떠났다. 그는 영국을 고향으로 삼았고, 올 소울즈(All Souls) 대학에서 특별연구원 자격을 얻어 옥스퍼드 대학교에서 자신의 경력을 쌓았다.

벌린은 소극적 자유와 적극적 자유를 구별한 《자유의 두 개념》(1958년)으로 유명하다. 존 스튜어트 밀이 강조했던 소극적 자유는 사람들에게 다른 사람들의 간섭 없이 행동할 자유를 허락한다. 적극적 자유는 사람들이 자기 자신의 운명을 결정짓고 자기지배와 자기실현을 성취할 자유를 허락한다.

이 두 종류의 자유는 서로 충돌할 수 있으며, 사람들이 자기 스스로 결정을 내리려는 욕망과 사람들이 자신들의 상황을 제어할 수 있도록 도우려는 욕망 사이의 균형으로 이끈다. 벌린은 적극적 자유에 대한 관념이 정치적 이데올로기들에 의하여 오용되기 쉽다는 것에 대한 우려를 표현하면서, 전체주의 정권들이 그러한 명목으로 수많은 사람들을 노예화 한다고 보았다. 그는 확고한 다원주의자로서, 단일한 진리나 원칙은 없 지만 인생은 경쟁하는, 종종 양립할 수 없는 가치들 사이의 타협들로 이 루어진다고 생각했다. 자유와 평등은 모두 숭고할 수 있지만, 그것들은 종종 충돌한다. 《자유에 대한 네 편의 논문》(1969년)에서 그는 이 주제 들에 대한 논의를 전개한다.

《고슴도치와 여우》(1953년)에서 벌린은 유사한 논의를 역사 연구에 적용한다. 이 책은 톨스토이의 접근법을 탐구하여, '여우는 여러 가지 것 들을 알지만, 고슴도치는 한 가지 중요한 것을 안다'(아르킬로코스)는 말에 주목한다. 벌린은 다시 다원주의적 견해를 취한다. 역사의 배후에 는 헤겔과 마르크스가 상정한 것과 같은 단일한 체계적 원칙이란 없다. 그는 거대한 힘들에 의한 역사적 결정론에 대하여 회의적이었던 것처럼, 특출한 개인들이 역사를 지휘한다는 견해에 대해서도 회의적이었다. 과 학적 법칙에 대응하는 역사의 법칙은 없다. 그리고 과학적 방법은 유용 한 반면에 역사가들은 해석하고 설명할 개념들을 전개해야 한다.

우리의 도덕적 삶에 있어서도, 벌린은 공리주의와 같은 단일한 도덕 적 원리를 부정한다. **경쟁하는 인위적 가치들이 있고, 선택을 지시할 고정된 기준은 없다.** 그 가치들은 항상 충돌하고 타협한다.

한 재밌는 일화에 따르면, 윈스턴 처칠 수상은 '이 벌린이라는 친구를 만나보는 것이 좋겠다'라고 말하고는 우습게도 미국인 작곡가 어빙 벌린 (Irving Berlin)과 점심을 먹었다.

95. 알프레드 줄스 에이어 A. J. Ayer
1910년 – 1989년

에이어는 20세기의 가장 유력한 영국철학자들 중 한 사람으로서, 중대한 혁신적 공헌을 통해서가 아니라 사상들을 명료하고 직설적으로 해설한 것으로 더 유명했다. 이튼스쿨과 옥스퍼드 대학교에서 장학생으로 공부했고 네덜란드계 유대인의 배경을 가진 에이어는 2차 세계대전 중에 특수작전 부대에서 복무했고, 그 후 카리스마 있는 강연자와 방송인으로 유명해졌다.

일찍 명성이 찾아왔다. 그는 논리실증주의자들의 비엔나 서클에 참여했고, 특히 모리츠 슐리크(Moritz Schlick)에게서 영향을 받았다. 그는 25살 생일에 완성되고 1936년에 출판된 《언어, 진리 그리고 논리》에서 그들의 접근방식에 대한 영국적 해석을 설명했다.

에이어는 데이비드 흄의 경험주의 전통과 비엔나 서클의 논리실증주의에 의존한다. 그는 두 가지 다른 유형의 지식이 있다고 말한다. 감각적 인상을 통하여 획득하는 경험적 지식이 있고, 정의에 의하여 참인 분석적 지식이 있다. 분석적 지식은 언어를 특정한 방식으로 사용하려는 우리의 결정을 표현한다. 그런데 에이어는 훨씬 더 나아가서, 분석적이지 않거나 적어도 원리상 경험적으로 검증될 수 없다면 그 명제들은 아무 의미가 없다고 말한다.

그리하여 에이어는 **형이상학적 사변은 무의미하다**고 선언한다. 왜냐하면 그것은 경험적 검증을 받을 수 없기 때문이다. 대륙의 철학적 사변의 전통뿐만 아니라 동시대 영국인들 중 많은 사람들의 연구를 경멸했다. 그것이 그를 유명하게 만들지는 않았다. 에이어는 비판에 대응하여 스스로 자신의 표현을 바꿨지만, 어떠한 것도 그것을 뒤집을 새로운 사실의 가능성 없이는 경험적으로 증명될 수 없다는 주장을 논박할 수는 없었다. 포퍼는 시험이 불가능한 진술들을 에이어가 했던 것처럼 무의미한 진술이 아니라 비과학적 진술로 분류했고, 그것들은 결코 거짓이라고 증명될 수 없다.

《지식의 문제》(1956년)와 훗날《철학의 중심 문제들》로 출판된 1972-3년 기포드 강연에서, 에이어는 자신의 사상을 발전시켰다. 그는 여전히 철학이 집중해온 명백한 문제들 중 대다수는 실재와 그것의 경험에 관한 어떤 실질적 통찰을 제공하는 것이기보다는 언어의 문제들에 귀착된다는 견해를 갖고 있었다.

그의 논쟁적 어조는 반대를 불러일으켰지만, 에이어는 형이상학적 사변에 대한 한 가지 문제점을 — 어떠한 검증 과정도 받아들일 수 없는 명제들을 비교하거나 평가하기는 어렵다는 문제점을 — 강조했다. 에이어는 옥스퍼드에서 위컴 교수가 되었고, 철학에 대한 공헌으로 작위를 받았다. 그는 또한 네 번의 결혼을 포함하여 파란만장한 사회생활을 보냈고, 자신이 탭 댄서가 됐을지도 모른다는 바람을 표현했다. 한번은 그가 권투선수 마이크 타이슨에게 맞서, 그들이 '이 문제를 이성적으로 이야기해야' 한다고 말함으로써 타이슨의 바람직하지 못한 접근으로부터 나오미 켐벨을 보호하기도 했다.

하버드 대학교 철학교수로 40년을 지내는 동안, 존 롤즈는 매우 독창적인 사상으로 정치철학을 소생시켰다. 그의 저서 《정의론》(1971년)은 정치철학, 법철학, 도덕철학의 여러 갈래들을 함께 엮었다. 그의 목표는 정의로운 사회의 기초를 수립하는 것이었고, 그의 접근법은 '공정으로서의 정의'(justice as fairness)라고 일컬어진다.

롤즈는 소위 '원초적 입장'(original position)이라는 사유실험으로 시작한다. 여기서 그는 홉스와 로크가 상상했던 것과 유사하게 사회계약 이전에는 사회가 없다고 상상한다. 만약 사회가 없다면, 어떻게 사람들은 그것을 세워서 모든 사람에게 받아들일 만한 것으로 만들 것인가? 분별 있고 합리적이라면, 사람들은 사회가 가져올 이익을 극대화하고 불이익을 최소화하려할 것이다.

롤즈는 선의 최대량을 추구하는 공리주의 사상을 명백하게 거부하면서, 대신 성취할 수 있는 선의 최대 **평균** 수준을 제안한다. 그는 '무지의 베일'(veil of ignorance)을⁺ 가정한다. 이 안에서 규칙들을 끌어내는 사람들은 그들을 포함한 모든 사람이 어떤 상황에 처할지를 알 수 없다. 그들은 자신 자신의 복지의 기회를 극대화하길 원할 것이기 때문에, 그들은 자신들에게 권리와 기회에 대한 평등한 접근을 제공하는 사회를 선택할 것이다. 그것은 파이 게임과 유사하다. 이 게임에서 두 아이가 불만 없이 파이를 나누려면, 한 아이가 파이를 나누고 다른 아이가 먼저 선택권을 가져야 한다. 첫 번째 아이는 어느 조각이 자신의 몫이 될지 모르기 때문에, 그 아이는 똑같은 조각들을 만들 것이다.

롤즈는 두 가지의 원칙이 필요하다고 말한다. **제1원칙은 (자유의 원칙) 사람들이 기본적인 자유들에 대하여 평등한 자격을 가져야 한다는 것이다. 제2원칙은 (차등의 원칙) 경제적·사회적 불평등은 최소 수혜자들에게 최대의 이익을 가져다주는 것이어야 한다는 것이다.** 기본적인 자유들은 그 사람의 지위와 상관없이 거기서 살아갈 만한 가치가 있는 사회가 되기 위하여 사회–경제적 계급이 낮은 사람들도 가질만한 가치를 지닌 것임에 틀림없다. 차등의 원칙의 두 번째 부분에서,[++] 롤즈는 비슷한 재능과 동기를 가진 사람들은 그 재능과 동기를 최대한으로 발휘할 수 있는 비슷한 기회를 가져야 한다고 말한다.

비판가들은 로크 및 다른 사람들과 달리 롤즈는 기본적 자유에 재산권을 포함시키지 않는다는 점을 주목했다. 더 나아가 그는 정의로운 사회에 대한 오직 하나의 모델만을 가정하면서, 사회에서 탈퇴하거나 다른 사회로 떠나거나 규칙을 바꿀 수 있는 기회를 남겨두지 않는다. 다른 비판가들은 롤즈의 제2원칙은 어떤 평등주의를 수립하기보다는 어쩌면 다른 사람들은 받아들이지 않을 수 있는, 미리 생각해둔 평등주의를 표현하고 있으며 그는 마치 부가 만들어져야 되는 것이 아니라 분배되기를 기다리며 그냥 거기에 있는 것처럼 말한다고 지적한다.

+ **역자주:** '무지의 베일'은 원초적 입장에 도달하기 위해 필요한 가상의 개념적 장막이다. 무지의 베일이 쳐진 상태에서 사람들은 자신의 능력, 재산, 신분 등의 사회적 조건을

알 수 없기 때문에 사회계약 체결 후 어떤 계층에 속할지 알 수 없다. 롤즈는 그런 상황에
서 사람들이 어떤 계층에 특별히 유리하거나 불리하지 않도록 조화로운 사회계약을 체결
할 것이라고 보았다.

++ 역자주: 제2원칙, 즉 '차등의 원칙'은 두 부분으로 이루어져 있다. 그 원칙은 다음과
같다. 사회적·경제적 불평등은 두 가지 조건하에서만 용인될 수 있다. (1) 모든 지위와
직책이 반드시 동등한 기회하에 모두에게 개방되어 있어야만 한다. (2) 경제적 불평등의
시정은 최소 수혜자에게 최대이익이 되도록 조정되어야만 한다. 경제적 불평등에 관한
이 두 번째 부분이 지금까지 가장 주목받아왔기 때문에, 흔히 '차등의 원칙'이라고 하면
이 부분을 가리킨다.

97. 토마스 쿤 Thomas Kuhn
1922년 - 1996년

토마스 쿤은 20세기 후반의 과학적 발견에 관한 가장 유명한 저자들 중한 사람이었지만, 그는 철학자들보다는 사회학자들과 과학사학자들에게 더 환호를 받았다. 다른 저자들은, 특히 칼 포퍼는 어떻게 과학적 진보가 이루어지며 무엇이 하나의 설명을 다른 설명보다 더 좋은 설명으로 만드는가에 대하여 저술했다. 그런데 쿤은 과학 자체의 합리성보다는 **실제로 과학자들이 현실에서 어떻게 행동하는가**에 대하여 저술했다. 캘리포니아 대학교 버클리 캠퍼스의 교수로 있으면서, 1962년 그는 《과학혁명의 구조》를 출판했다.

쿤은 과학자들은 자신의 이론에 상당히 집착하며 가능하면 그것을 새로운 이론으로 대체하는 것을 피하려 한다고 말했다. 그의 말에 따르면, 과학은 연속적 발전을 이루는 것이 아니라, 안정과 격변의 시기들이 교차되는 것이 특징이다. 그가 '정상과학'이라고 불렀던 조용한 시기 동안에 실제로 일어나는 일은 지배적인 패러다임 안에서 일련의 퍼즐을 푸는 사건들이다. 이런 패러다임 안에서 명백한 변칙적 사례들은 수용되고 그 이론에는 약간의 수정이 가해진다. 그러나 패러다임 자체는 의혹을 받아들이지 않고, 대부분의 과학자들은 그 안에서 작업한다. 이곳이 바로 연구가 받아들여지는 곳이며, 상과 승진을 얻게 되는 곳이다.

그러나 과학의 특정 영역에서 일반적인 이론이 부적합하다고 밝혀지고 새로운 패러다임을 찾는 연구가 시작되는 시기가 온다. 이 시기는 격

변과 불확실성의 시기이며, 이 시기에 과학자들에게는 자신의 연구에 방
향을 제시해줄 일반적으로 승인된 패러다임이 없어진다. 프톨레마이오
스의 또는 지구중심의 우주관이 한 예이다. 이것은 지구중심설을 뒤집어
엎는 대신 그것이 변칙적 관찰결과들을 수용할 수 있도록 대원과 주전원
을 추가하여 개선시킨 지구중심의 패러다임이다. 쿤의 말에 따르면, 이
것이 진정한 과학이었다. 그러나 그 이론에 가해진 수정들은 결국 그것
을 비실제적인 이론으로 만들었고, 그래서 과학은 코페르니쿠스가 행성
의 운동에 대한 새로운 태양중심설로 이전의 패러다임을 대체하는 것을
받아들였다.

쿤은 진보를 이루려면 어떤 패러다임에 공동으로 참여해야 하며, 변
칙적 관찰결과들이 해명되고 어떤 경우에든 관찰자들의 견해에 의존하
는 경향이 있다고 생각했다. 그의 접근법은 과학적 방법에 대한 보다 엄
격한 견해의 탐구를 반대하지 않았던 사람들에게 환영을 받았다. 그의
제자들은 쿤 자신보다 더 나아가서, 과학의 진보를 위한 비합리적이고
보다 사회학적이고 심지어 정치적인 기반을 주장했다. 그러나 과학자들
이 자기 동료들의 갈채를 받을 수 있을지라도, 이런 갈채가 그들의 이론
이 과학적 지식을 확장했다고 간주할 기준이라고 생각할 사람은 거의 없
을 것이다.

98. 미셸 푸코 Michel Foucault
1926년 – 1984년

미셸 푸코는 자신의 진자(振子)로 지구의 자전을 증명했던 레옹 푸코 (Leon Foucault)와는 아무 연관이 없다. 그 명칭을 거부했지만, 그는 구조주의 철학과 연관되어 있다. 거대한 영역과 복잡성을 가진 20세기 프랑스 사상가로서, 푸코는 심리학과 철학에서 모두 학위를 받았지만, 자신의 분석을 입증하기 위하여 역사학과 범죄학을 비롯하여 기타 많은 분야들에 접근했다.

그는 콜레주 드 프랑스(Collège de France)의 교수로 있으면서 자신의 전공분야인 '사상사'를 가르쳤다. 그는 역사가 객관적 진리를 밝혀준다거나 보편적 교훈을 가르쳐준다는 생각을 거부한다. 그의 말에 따르면, **어떤 시대에 유효한 지식은 그 시대의 사회적 규범, 언어, 문화적 표현, 그리고 지지되는 철학에 의하여 결정(제한)된다.**《사물의 기원》(1966년)에서 그는 모든 시대의 암묵적인 진리의 조건은 그 시대의 규범을 제약한다. 모든 시대는 그 시대의 근본 규약과 사고방식에 대한 암묵적인 경험에 박혀 있는 그것의 '에피스테메'(episteme) 혹은 인식체계를 가진다.

푸코는 무의식적 규칙들과 결정적 특징들을 각 시대에 부여하는 상호연결된 문화적 양상들을 고찰하기 위하여 자신이 '고고학적 방법'이라고 부른 방법을 사용한다. 그렇게 하면서 그는 전통적 역사학자들이 간과했던 다양한 자료들에 의존한다. 그는 특히 사회에서 배척당한 사람들을 관찰하면서, 예를 들어 정신이상자, 죄수, 성도착자 등과 같은 아웃사

이더들을 다루는 방법을 통하여 사회를 고찰한다. 그는 그런 아웃사이더
들에 대한 현대의 '인도적' 반응은 미묘한 방식으로 그들을 통제하고 배
척하는 것이라고 주장한다. 《광기와 문명》(1961년)에서 푸코는 이성이
예전에는 포함되었던 영역들을 나병환자들처럼 배제시켰다고 말한다.
'광기는 이성에 의하여 침묵당하고 힘을 상실했다'고 그는 말한다.

    그는 권력에 대하여 연구한다. 그는 그저 개인들, 집단들, 계급들의
권력이 아니라 담화의 형태와 제도적 관행에 의하여 행사되는 권력에 대
하여 연구하면서, **모든 사회적 관계들이 근본적으로 권력관계**, 도덕적으로
불온한 관계에 관련되어 있다고 생각한다. 그는 과학과 이성을 권력의
도구로 보면서, 현대 사회는 널리 퍼져 있는 그것의 획일성으로 억누른
다고 말한다.

    논쟁적이고 도발적으로, 푸코는 '인간'이란 관념을 19세기의 발명물
이라고 기술하고, 역사는 이제 객관적이고 외적인 힘들에 의하여 초래된
것이라고 보이기 때문에 '인간'은 (그 관념은) 곧 사라질 것이라고 예언
한다. 그는 통일적 역사에 대한 헤겔주의자와 마르크스주의자의 관념을
거부하면서, 우연의 작용들과 더불어 역사에 대한 연속적 해석에서 실책
들을 관찰한다.

    푸코는 좌익의 대의를 지지하여, 잠시 공산당에 가입했고 프랑스와
알제리의 전쟁에 반대했다. 그의 분석은 젊은 프랑스 지식인들에게 영감
을 주었던 사르트르의 실존주의를 대체했고, 그는 사회적 경험의 유형들
에 대한 역사적 연구에 큰 영향을 미쳤다.

99. 놈 촘스키 Noam Chomsky
1928년 -

놈 촘스키는 언어 분석에 대변혁을 일으켜, 미국에서 행태심리학에서 인지심리학으로의 이동을 부추겼으며 경험주의 철학에 대한 심각한 도전을 던졌다. 직장생활의 대부분을 MIT에서 보냈지만, 그는 미국의 대외정책, 군국주의, 기업자본주의에 대한 거리낌 없는 비판자로서 훨씬 광범위한 일반 청중을 갖고 있었다.

그의 저서 《통사 구조》(1957년)와 《통사 이론의 양상》(1965년)에서 아이는 언어를 훈련과 경험에서 얻은 일련의 기술로서 획득한다는 당시에 지배적이던 견해에 도전했다. 촘스키는 어린이들이 언어를 습득하는 속도를 지적하고, 그들이 받는 자극과 그들이 얻는 지식 사이의 뚜렷한 격차를 확인한다.

그는 언어적 지식에는 두 단계, 즉 사용된 낱말과 소리에 의하여 나타나는 '표층구조'와 그가 모든 언어에 공통적이라고 말하는 **보편 문법**, 즉 '심층구조'가 있다고 밝힌다. 촘스키의 말에 따르면, 후자의 지식은 선천적이며, 뇌의 생물학적 소질을 나타낸다. 요컨대 그의 주장은 어린이들이 언어에 대한 소질을 원래 갖추고 있다는 것이다. 어린이들은 모국어의 지역적 특징을 배우게 되며, 나머지는 선천적이다. 그들은 어른들이 말하는 소리를 듣고 그로부터 완전히 새로운 문장들을 구성할 수 있게 해주는 복잡한 문법 규칙들의 집합을 추론해낸다. 촘스키는 이 규칙들이 수적으로는 유한하지만 그것들로부터 구성될 수 있는 새로운 문장들은 무한하다고 주장한다.

촘스키의 《데카르트 언어학》(1966년)에서 지식은 오직 경험에 의해서만 얻어진다는 경험주의적 견해를 공격한다. 그의 말에 따르면, 어린이들은 지식이 경험에 의해서만 얻어진다고 말하기에는 너무 빠르게 언어를 획득할 뿐만 아니라, 서로 다른 언어들을 배우는 어린이들이 유사한 실수를 범하고 유사한 실수를 회피하면서 유사한 단계에서 언어를 획득한다. 스키너(B. F. Skinner)의 《언어행동》(1959년)에 대한 그의 논평은 어린이들은 자극과 반응에 의하여 언어를 배운다는 행태주의 심리학자들의 생각을 무너뜨린다. 촘스키의 주장은 **어린이들의 언어 실력과 유창함이 빠르게 발전하는 것은 그들 안에 이미 선천적인, 즉 모든 인간 언어들의 밑바닥에 있는 문법구조가 갖춰져 있음을 가리킨다**는 것이다.

선험적 지식의 가정은 보편적으로 받아들여지지 못했다. 일부 비판가들은 모든 복잡한 규칙들과 더불어 언어를 획득하는 능력은 뇌의 일반적인 처리능력으로 설명될 수 있다고 지적했다. 한편 라일은 어린이들이 언어적 기술을 발전시키는 모방과 연습의 실제 모습에 깊이 주목할 것을 촉구했다. '본성과 양육' 논쟁에서 촘스키의 기여는 강력하다. 하지만 2005년 《프로스펙트》지의 독자들이 그를 '세계 주요 지식인'으로 꼽은 것은 아마도 그의 정치적 활동 때문일 것이다.

100. 자크 데리다 Jacques Derrida
1930년 – 2004년

자크 데리다는 현대 프랑스 사상가들 가운데 가장 중요한 인물들 중 하나이면서, 확실히 가장 많은 물의를 일으켰던 인물들 중 하나이다. 주요 지식인들은 그가 현학적인 문체를 사용하고 의도적으로 모호하게 말하며 이해가 불가능하다고 비판했다. 케임브리지 대학교가 1992년에 그에게 명예학위를 수여했을 때, 영국의 여러 주요 사상가들은 그가 '이성과 진리와 학문의 가치를 공격했다'는 이유에서 그것에 대하여 공적인 이의를 제기했다.

알제리의 유대인 가정에서 태어난 데리다는 국립고등학교와 소르본 대학에서 가르쳤다. 그가 1967년에 출판한 《그라마톨러지》(2010), 《글쓰기와 차이》, 《목소리와 현상》은 명성과 악명을 동시에 가져온 그 접근법을 설명한다. 그는 구어를 우선시하는 견해를 '이성중심적'이라고 표현하면서, 구어와 문어가 모두 우리의 사고를 제한한다고 주장한다. 그가 제시한 사례는 서양철학이 인정되지 않은 형이상학적 관념들을 결합시키는 이원론, 즉 대립자들로 분할하는 것에 기초해왔다는 것이다. 이런 은밀한 형이상학적 관념들은 서양적 사고에 위계들과 종속의 질서를 부과해왔다. 예를 들어, 삶과 죽음, 제정신과 광기 같은 이원론은 조심스런 텍스트 분석으로 드러날 수 있는 억압된 의미들과 대안을 감춘다.

텍스트에 대한 이러한 상세한 분석의 과정을 '해체'(deconstruction)라고 부른다. 어떤 텍스트의 의미를 구하는 대신, 해체주의는 그 텍스트의 어원적 연관들과 동일한 문화에서 나온 다른 텍스트들과 그것의 관계를 찾기 위하여 그 텍스트를 면밀하게 검토한다. 데리다는 텍스트가 외부 세계, 진리에 대한 어떤 외부의 기준을 지시한다는 관념을 거부한다. 그는 텍스트 밖에는 다른 텍스트들 외에는 아무것도 없다는 의미로, '**텍스트 밖에는 아무것도 없다**'고 말한다. 그는 언어 안에 의미와 진리에 대한 안전한 기반이 있을 수 있다는 것을 부정한다. 어떤 텍스트에 대한 세심한 텍스트구조 분석은 다른 가능한 의미들을 드러낼 수 있으며, 그것은 '진리' 혹은 저자의 의도를 찾기보다는 대안적인 의미들을 확인할 수 있다.

데리다의 접근법은 비판적이다. 다른 체계들을 비판하기 위한 유일한 도구인 거대한 체계는 없다. 서양철학의 위계들을 드러내고 무너뜨리려 하면서, 그의 분석은 신뢰할만한 의미와 명료한 진리에 대한 우리의 욕망을 좌절시키는 새로운 가능성들을 보여주려는 것이다. 서양적 사고에 특징적인 이원론들은 제한하고 단순화하는 반면에, 해체는 우연적이고 복잡한 대안들을 지시할 수 있다.

새로운 말들을 (예를 들어, '차이'(différence)에 반대되는 '차연'(différance))⁺ 만들어내려는 데리다의 습관과 그 말들의 의미가 시간이 지남에 따라 변한 것은 그의 친구인 푸코로부터도 모호함 뒤에 숨으려 한다는 비판을 불러들였다. 데리다의 주된 영향은 문학 분석과 비평에 있었으며, 거기서 텍스트는 흔히 저자의 의도와 독립적으로 다루어진다. 하지만 철학에서 그는 학문적 토론의 특징인 합리성을 무너뜨린다는 비판을 받았다.

✢ **역자주:** '차연'(Différance)은 데리다 자신이 만들어낸 용어이다. 이것은 지연시키다 (to defer)와 차이짓다(to differ) 두 가지 말을 결합해서 만든 것이며, 언어가 말을 전달 하지 못하고 계속 지연시키는 상태에 있음을 가리키는 뜻으로 사용된다.

101. 로버트 노직 Robert Nozick
1938년 – 2002년

20세기 가장 위대한 미국의 정치철학자들 중 두 명이 하버드 대학교에서 수십 년 동안 함께 가르쳤다. 존 롤즈는 분배적 정의론으로 평등주의의 옹호자로 활동했고, 로버트 노직은 정의에 관한 소유권 이론으로 자유지 상주의자들에게* 추앙을 받았다.

노직의 《아나키에서 유토피아로》(1974년)는 롤즈의 《정의론》(1971년)에 대한 반박으로서 출판되었고, 그것들은 정반대의 견해들을 보여준다. 자유에 대한 노직의 옹호는 도덕적 옹호이다. 그는 두 가지 수칙들로 시작한다. 첫 번째는 사람은 어떤 다른 사람의 목적에 이바지하기 위해서가 아니라 목적 자체로서 대우받아야 한다는 칸트의 원칙이다. 두 번째는 인간은 자기 자신의 것이며 어떤 다른 사람의 재산이 아니라는 것이다. 이런 자기소유권은 자신의 몸, 재능, 능력, 노동을 포함한다. 노직은 이 수칙들로부터 다음과 같은 권리들을 끌어낸다. 그것들은 소유의 권리들이다 — 자신의 몸, 재능, 능력, 노동을 어떻게 사용할지 혹은 처분할지를 선택할 권리들이다. 이 권리들은 사람들이 다른 사람들을 대우하는 방식에 한계를 설정한다.

누구도 다른 사람의 노동의 산물을 힘으로 빼앗을 권리는 없다. 여기에는 어떤 사람에게서 빼앗아 다른 사람에게 주는, 재분배적인 과세가 포함된다. 유일하게 정의로운 국가는 노직이 '야경'(night-watchman) 국가라고 부른 것이다. 그의 말에 따르면, '폭력과 절도와 사기의 방지와

계약의 집행이라는 좁은 기능에 국한된' 최소 국가만이 '정당화되며, 이보다 더 확대된 국가는 개인들의 권리를 침해할 것이다.'

그러나 이것은 무정부 상태가 아니다. 왜냐하면 국가가 없다면 사람들은 자신의 권리를 보호하기 위하여 단결할 것이고, 일부 사람들은 그런 일에 전문적이다. 노직은 이로부터 중재자와 법률과 법정을 갖춘, 평화로운 분쟁해결을 위한 절차들이 나타날 것이고, 정의와 방위를 보장할 최소국가가 무정부 상태에서 나타날 것이라고 말한다.

사회계약론의 영향을 받았지만, 중요한 차이점은 노직에게 개인의 권리는 그런 계약으로부터 도출되지 않고, 개인의 권리가 그런 계약에 앞선다는 점이다.

노직의 중요한 통찰들 중 하나는 부는 '공정한' 방식으로 분배되기 위하여 그냥 거기에 놓여 있는 것이 아니라는 것이다. 부는 만들어져야 한다. **만약 부가 정당하게 취득되고 이전된다면, 그로부터 야기된 분배 역시 정당하다.** 노직의 말에 따르면, 정의에 관한 모든 비(非)소유권이론들은 잘못된 이론들임에 틀림없다. 정의로운 사회에서, 개성과 재능이 자발적 교환에서 그것들의 가치를 증명한다면, 평등한 분배는 곧 불평등한 분배가 될 것이다. 그는 '자유는 정형(pattern)을 전복하고, 정형은 자유를 파괴한다'고 적는다. 그는 최소 국가는 부족하거나 제한된 국가가 아니라 '영감을 불러일으키는' 국가이며 '유토피아를 위한 골격'이라고 말한다. 왜냐하면 그것은 사람들이 서로 다른 목적으로 성취하도록 허락하기 때문이다.

✦ **역자주:** 보통 영어의 liberalism을 '자유주의'로, libertarianism을 '자유지상주의'로 번역한다. 자유지상주의는 자유주의 가운데서도 가장 극단적인 입장이라고 볼 수 있다.

가나다순 목록

옮 긴 이 에   대 하 여

강준호는 는 미국 퍼듀(Purdue) 대학교에서 철학박사 학위를 받고, 현재 경희 대학교, 건국 대학교, 한국외국어 대학교, 경인교육 대학교 등에서 윤리학, 정치철학, 논리학 등을 강의하고 있다.

논문으로는 〈연구윤리 지침에 대한 윤리학적 고찰〉(2007), 〈인종 형이상학의 윤리적 함축〉(2006), 〈공리주의의 복리(Well-Being) 개념〉(2006), 〈파핏의 심리적 환원주의와 공리주의〉(2005) 외 다수가 있으며, 옮긴 책으로는 《윤리학입문: 도덕 판단의 다섯 가지 중심 문제들》(철학과현실사, 2005), 《인종: 철학적 입문》(서광사, 2006), 《분배적 정의의 소사》(서광사, 2007), 《생명의학 연구 윤리의 사례연구》(서광사, 2008), 《윤리학의 연장통》(서광사, 2009)이 있다.